KB238256

하루 15분 초등 기록의 힘

하루 15분 초등 기록의 힘

하루 15분 초등 기록의 힘

자기주도력과 사회정서를 위한
현직 교사의 데일리 리포트 가이드

초판 발행 2026년 3월 20일
펴낸곳 현익출판
발행인 현호영
지은이 임호
편집 황현아
디자인 박은정
주소 서울특별시 마포구 월드컵북로58길 10, 더팬빌딩 9층
팩스 070.8224.4322

ISBN 979-11-94793-56-4 03370

좋은 아이디어와 제안이 있으시면 출판을 통해 가치를 나누시길 바랍니다.
uxreviewkorea@gmail.com

임호 지음

하루 15분

자기주도력과 사회정서를 위한 현직 교사의 데일리 리포트 가이드

초등

기록의 힘

현익출판

임호 선생님은 2년간 재외한국학교라는 낯선 환경에서도 오직 아이들의 '올바른 성장'만을 바라며 변화를 위한 키포인트를 찾고, 학생들과 함께 신선한 도전을 시작했습니다. 매일의 수업은 물론, 산적한 부장 업무 속에서도 그가 결코 놓지 않은 것은 학생 한 명 한 명의 습관과 삶이었습니다. 평일과 주말의 경계를 허문 헌신적인 기록과 진심을 다한 소통은 아이들의 눈빛을 바꾸었고, 학부모의 신뢰를 깨웠으며, 마침내 교실의 공기마저 따스하게 변화시켰습니다.
이 책은 단순한 교육 지침서가 아닙니다. 현장에서 온몸으로 부딪히며 증명해낸 교사의 진정한 힘에 대한 뜨거운 기록입니다. 아이들을 향한 선생님의 진심이 어떻게 기적이 되는지, 그 감동의 여정을 함께 만나 보시길 바랍니다.

김백영 (前 대련한국국제학교장)

데일리 리포트는 보이지 않는 성장의 과정을 가시화하는 성찰 시스템입니다. '제자들이 새로운 선생님을 만나도, 혹은 졸업을 하여도 자기 주도적 삶을 살아갈 수 있는 방법이 무엇일까?'라는 선생님의 진지한 고민 끝에 도입된 자기 관리 역량 강화 시스템이라고 할 수 있습니다. 그리고 그 시스템을 놀랍도록 꾸준하게 실행한 열정 교사, 임호 선생님의 교실에는 특별함이 있습니다.
지난 6월 초, 임호 선생님의 학부모 공개 수업을 참관하였습니다. 교탁 앞에 선 한 학생이 한부모 가정에서 아버지와 살아가는 자신의 이야기를 망설임 없이 친구들에게 전하고 있었습니다. 어려운 상황 속에서도 아버지에 대한 감사함을 또렷하게 전하는 아이의 당당한 모습, 그리고 그 이야기에 진심 어린 응원을 돌려주는 학급 친구들과 선생님의 모습은 깊은 울림을 주었습니다. '이 교실은 진정한 배움의 안전지대구나! 선생님과 아이들이 마음을 열고 신뢰하고 있구나!'라고 생각하며 저도 모르게 나지막한 울음을 터뜨렸습니다.

이후에도 임호 선생님의 교실에서는 교사와 제자가 서로 마음을 나누고 소통하며 함께 성장하고 있다는 것을 학교 곳곳에서 마주한 장면들을 통해 알 수 있었습니다. 이 책에는 바로 그러한 교실을 만든, 꾸준한 실천의 기록이 담겨 있습니다.

송미선 (안청초등학교 수석교사)

임호 선생님의 교실은 참 궁금한 곳이었습니다. 즐거움과 안정감, 몰입과 자유로움, 주체성과 협력이 공존하는 학급 분위기에서는 저 멀리 목적지를 향해 묵직하게 나아가는 힘이 느껴졌습니다. 동학년 교사로서 가까이에서 지켜본 그 힘의 원천은 바로 '데일리 리포트'였습니다.

올바른 행동을 실천하고 꼼꼼히 기록하는 과정을 통해 아이들이 성장하고 학급에는 단단함이 깃드는 모습을 지켜보며 '매일'과 '꾸준함'의 위대함을 새삼 깨달았습니다. 하루 15분의 기록이 아이들과 학급의 분위기를 어떻게 바꾸는지를 매우 쉽고도 분명하게 보여 주는 책입니다.

유명선 (안청초등학교 교사)

글은 시간을 저장하는 일을 합니다. 휘발되는 말과 달리 글은 당시의 감정과 생각, 느낌을 오롯이 간직할 수 있게 합니다. 키가 훌쩍 큰 성인이 되더라도 초등학교 때 쓴 일기장을 보고 있노라면 다시 그때로 돌아가는 것처럼 말이죠. 기록이란 그런 힘을 갖고 있습니다.

고등학생 시절부터 지켜본 저자는 자신의 생각과 경험을 기록으로 남기는 데 진심이었습니다. 교사가 된 이후에는 아이들이 성장하는 모습을 관찰하고 기록으로 남기며 매일 스스로를 돌아보았습니다. 그리고 지금도 아이들과 더불어 더 좋은 선생님이자 어른으로 자라고 있습니다.

이 책은 기록이 단순한 메모를 넘어, 자기 자신과 아이들을 이해하는 언어가 될 수 있음을 보여 줍니다. 하루 15분의 기록이 교실과 아이에게 어떤 영향을 줄 수 있는지 담담하게 전합니다. 그 변화를 함께 느껴 보시길 바랍니다.

박철규 (KBS 아나운서, 〈아침마당〉 메인 MC)

하루 15분,
기록이 아이를 바꾼다

교직에 첫 발령을 받은 순간부터 저는 아이들의 기억에 평생 남을 만큼 좋은 선생님이 되고 싶었습니다. 하지만 당시에는 '좋은 선생님'에 대한 제 나름의 정의가 없었기에 그저 막연히 그렇게 되기를 꿈꿀 뿐이었습니다. 양질의 지식을 전달하기 위해 평일에는 학교에서 최선을 다해 가르치고, 평생 잊을 수 없는 추억을 만들어 주고 싶어 주말에는 아이들과 등산이나 소풍 등 여러 활동을 함께했습니다. 또, 어떤 유형의 선생님이 아이들 교육에 실질적으로 도움이 되는지 알아보기 위해 친구처럼 허물없이 지내는 선생님, 일정한 거리를 두고 엄하게 지도하는 선생님 등 다양한 교육 방식을 시도해 보기도 했습니다. 교육 방식에 조금이라도 영감을 받을 수 있을까 싶어 군 복무 중에는 조교로서 경험을 쌓기도 했습니다.

그렇게 시간이 지나 제가 애지중지 키운 첫 제자들은 중학생이 되었고, 중학생이 된 제자들과 연락을 이어 가면서 근황도 전해 듣게 되었습니다. 그런데 의외로 학습과 생활 습관 관리가 잘 되지 않아 학교생활을 힘들어하는 아이들이 많았습니다. 학교생활이 너무 힘들어 초등학생 시절로 다시 돌아가고 싶다는 제자들의 말을 들으면 가슴이 아팠습니다. 그때부터 저는 결심했습니다. 당장 1년만 학급에서 잘 지내는 것뿐만 아니라 아이들 평생에 도움이 될 수 있는 가르침을 선물로 줄 수 있는 선생님이 되기로요.

하지만 아이들에게 좋은 습관을 길러 주는 일은 결코 쉽지 않았습니다. 담임으로 있는 1년 동안은 아이들 각자의 특성과 상황에 맞춰 맞춤형 지도가 가능했기에 나쁜 습관은 줄이고 좋은 습관은 길러 줄 수 있었습니다. 그러나 1년이 지나 교실 환경이 바뀌자, 특히 가정환경이 안정적이지 않은 아이들은 다시 예전의 습관으로 돌아가는 모습을 보였습니다.

이러한 상황을 방지하고자 저는 몇몇 도움이 필요한 제자들이 중학교, 고등학교에 진학한 이후에도 학습·생활 습관, 멘탈 관리 등을 주제로 꾸준히 대면 또는 전화상담을 이어 갔습니다. 중학교에서 학업에 어려움을 겪고 있던 한 제자의 경우에는 학교에 따로 불러 두 달 동안 매일 2시간씩 수학을 가르치고 학습 코칭을 해 주기도 했습니다.

하지만 기대와는 달리 그 효과는 생각보다 훨씬 저조했습니다. 이때도 이전과 마찬가지로 제가 코칭을 해 줄 때만 잠시 변화가 나타났을 뿐, 제가 신경을 쓰지 않으면 주변 환경의 영향으로 다시 원래의 습관으로 돌아가는 모습을 보였습니다. '교사는 그저 지식만 전달하는 사람일 뿐일까? 아이들의 삶에 진정한 변화를 주는 건 불가능한 일일까? 1년 동안 무탈하게 지내는 것만으로 만족해야 하는 걸까?' 이런 생각들이 떠오르며 마음 한편에 자조감이 밀려오기도 했습니다.

그때 깨달았습니다. 장기적으로 아이들에게 도움을 주기 위해서는 더 이상 물고기를 잡아서 주는 것이 아니라 스스로 물고기를 잡는 방법을 익히도록 도와주어야 한다는 것을요. 훗날 제 도움 없이도 아이들 스스로 자신을 코칭할 수 있는 도구는 없을까 한참을 고민했습니다. 그러다 문득 데일리 리포트가 떠올랐습니다. 데일리 리포트는 제가 극심한 슬럼프를 겪었을 때, 슬럼프에서 벗어날 수 있도록 도와주었던 최고의 성장 도구였습니다.

데일리 리포트는 하루 동안 한 일과 매시간의 집중 점수를 적고 오늘의 시간을 어떻게 보냈는지 돌아보는 기록법입니다. 매일 쓰는 데일리 리포트 기록 덕분에 저는 게임과 TV 중독 등 나쁜 습관에서 벗어나 운동, 독서, 글쓰기, 명상 등의 좋은 습관을 만들 수 있었습니다. 게임을 하느라 매일 새벽 1~4시에 자던 불규칙한 수면 습관도 밤 11시가 되면 바로 잠자리에 드는 규칙적인 수면 습관으로 바꿀 수 있었죠. 매일 꾸준한 기록과 반성을 통한 습관 교정 덕분에 저는 아이들과 학교에서도 다시 즐겁고 행복한 생활을 할 수 있게 되었습니다.

제가 도움을 받았던 이 성장 도구가 아이들에게도 충분히 도움이 될 수 있을 거라는 생각을 했습니다. 그래서 2019년 말부터 저희 반 아이들에게 데일리 리포트 쓰는 방법을 알려 주기 시작했습니다. 평소 일기와 독서록 등으로 기록에 단련이 되어 있던 아이들이었기에, 데일리 리포트를 기록하는 데에는 금방 적응했습니다.

데일리 리포트를 통해 아이들은 계획(Plan), 실천(Do), 반성(Reflect) 과정을 반복하면서 조금씩 성장하기 시작했습니다. 매일 자신이 한 일을 되돌아보고 반성하는 시간을 가지면서, 아이들은 스스로를 객관적으로 바라보는 메타인지 능력을 키울 수 있었습니다. 또한 자신이 무엇을 잘하고 무엇을 못하는지 알게 되면서 스스로에 대한 이해력이 매우 높아졌습니다.

아울러 10분 단위로 계획을 세우고 기록하는 습관을 기르면서 시간의 소중함을 느끼고 하루를 보다 주도적으로 활용할 수 있게 되었습니다. 향상된 메타인지 능력으로 자신에게 알맞은 하루 목표를 세우고 이를 성취하는 과정이 반복되었고, 그 결과 아이들은 자연스럽게 성공 경험을 쌓으며 자신감과 자기효능감을 키우게 되었

습니다. 스스로 계획을 세우고 실천하며 되돌아보는 과정을 통해
자기주도적으로 학습하는 방법 또한 익히게 되었습니다.

1달 이상 꾸준히 노력하면 반드시 변할 수 있다는 것을 데일리
리포트를 통해 직접 경험한 아이들은 성장하는 즐거움과 몰입의
재미에 푹 빠져, 심지어 데일리 리포트를 쓰지 말라고 해도 스스로
하루를 열심히 기록하고 점검할 정도였습니다. 매일 단 15분의 기
록을 통해 아이들은 부모님이나 선생님의 지시 때문에 어쩔 수 없
이 행동하는 아이가 아니라, 자신의 인생과 성장을 위해 능동적으
로 움직이는 아이로 거듭날 수 있었습니다.

달라진 건 그뿐만이 아니었습니다. 아이들의 데일리 리포트 기록
을 통해, 저는 아이들의 학교생활뿐만 아니라 가정에서의 생활 습
관 전반까지 파악할 수 있었고, 그만큼 더 효과적인 코칭이 가능해
졌습니다. 아이의 기록을 바탕으로 부모님과도 한층 원활하게 소통
을 할 수 있었고, 아이와의 상담에서도 많은 도움을 받을 수 있었습
니다.

이 책에는 제가 수년간 직접 데일리 리포트를 기록한 경험과 아
이들에게 데일리 리포트 시스템을 적용하며 쌓은 노하우를 담았습
니다. 저희 반 아이들뿐만 아니라, 다른 반 아이들, 선생님, 학부모
님께서도 데일리 리포트의 효과를 함께 경험하시길 바라는 마음으

로 썼습니다.

　책의 구성은 크게 네 부분으로 이루어져 있습니다. 1장에서는 메타인지의 개념과 데일리 리포트 기록이 주는 효과를 설명했습니다. 2장에서는 데일리 리포트의 개념과 구체적인 작성 방법, 아이들이 데일리 리포트를 쓸 때 필요한 지식을 다루었습니다. 3장에서는 교사와 부모가 아이들에게 피드백을 주는 방법, 온·오프라인 도구 활용법 등 현실 운영 가이드를 담았습니다. 4장은 실제로 데일리 리포트를 통해 아이들의 생활이 변화한 사례들을 소개했습니다.

　데일리 리포트는 단순히 학습 능력을 높이는 도구가 아닙니다. 학습, 생활 습관, 정서 등 아이들의 인생 전반에 큰 도움을 주는 전인적 성장 도구이기도 합니다. 또한 현재에 집중하게 하고, 스스로를 이해하도록 돕는 마음 챙김 도구이기도 합니다. 데일리 리포트를 통해 아이들을 효과적으로 코칭하고, 아이들과 함께 성장하는 즐거움을 경험하시길 바랍니다.

임호

3장 교사와 학부모를 위한 현실 운영 가이드

4장 기록이 불러온 교실 안팎의 변화

1장

아이의 잠재력을 끌어올리는 기록의 힘

아이가 스스로를 점검하는 '상태창', 메라인지

힘이 없어 늘 남들에게 무시 받던 주인공이 어느 날 정체불명의 시스템 효과로 '상태창'을 볼 수 있는 능력을 얻게 되고, 이를 통해 폭발적인 성장을 하게 된다. 힘을 얻은 주인공은 세상의 위기에 맞서게 되는데…

요즘 유행하는 양산형 판타지 웹소설이나 웹툰에는 항상 '상태창'이라는 것이 등장합니다. 상태창에는 주로 레벨, 체력, 마나, 근력, 지력, 특성, 스킬 등 해당 인물의 데이터가 제공되는데요. 주인공은 이 상태창을 통해서 자신에 대한 객관적인 정보를 확인하고 능력을 성장시켜 나갑니다. 현재 자신의 수준에 맞는 퀘스트를 깨고, 부족한 부분은 다듬어 보완하고, 강점은 더 발전시켜 본인의 무기로 만들면서 말이죠. 전사, 마법사, 성직자 등 자신이 원하는 직업에 맞춰 필요한 능력치를 올리기도 합니다.

웹툰이 성행하기 전에도 우리는 상태창을 경험한 적이 있습니다. 바로 어릴 적 즐겨 했던 RPG(Role-Playing Game)입니다. 웹소설이나 웹툰 속 주인공과 마찬가지로 게임에서는 상태창을 통해 자신의 캐릭터를 인식하죠. 원하는 직업과 특성을 가지기 위해 내 캐릭터가 앞으로 어떤 퀘스트를 먼저 수행해 나갈지 우선순위를 정하기도 하고, 아이템 조합을 고민하기도 합니다. 최단기간에 레벨을 올리기 위해 어떻게 하면 효율적으로 사냥할지 전략도 생각합니다.

그런데 만약 게임에서 상태창이 사라진다면 어떻게 될까요? 자신의 현재 상태를 인지하지 못하게 되면 여러 가지 문제가 생길 수 있습니다. 예를 들어 체력이나 마나가 얼마나 남았는지 모른 채 싸우다가 갑자기 죽게 되거나, 무기 내구도 하락이나 소모품 부족을 미처 알아채지 못해 위기 상황에서 무력해질 수도 있겠지요. 또한 자신의 현재 실력을 몰라 너무 어려운 던전에 도전해서 실패하거나, 반대로 쉬운 몬스터만 잡으며 성장이 정체될 수도 있습니다. 퀘스트 진행 상황을 알 수 없으니 목표와 방향성을 잃게 되고, 무엇보다도 경험치나 레벨을 확인할 수 없다면 내가 얼마나 성장했는지를 체감하지 못해 성취감이 줄고 동기마저 사라질 수 있습니다.

이는 단순히 게임이나 소설 속의 이야기만은 아닙니다. 실제 삶에서도 빠르게 성장하기 위해서는 게임의 상태창처럼 자신을 객관적으로 바라보는 능력이 필요한데요, 이를 '메타인지 능력'이라고 합니다.

메타인지는 1976년 미국의 발달심리학자인 존 플라벨(J. H. Flavell)이 만든 용어입니다. 메타는 '~에 대하여'라는 뜻을 가진 'about'의 그리스어 표현으로, 메타인지란 자신의 인지 과정에 대한 인지 능력을 말합니다. 즉 내가 뭘 잘하고 뭘 못하는지, 뭘 알고 뭘 모르는지를 아는 능력인 셈이죠.

메타인지는 스포츠, 예술, 직장 내 업무, 자기관리 등 모든 분야에 매우 중요한 역할을 하는데요. 우리 아이들의 공부에도 절대적인 영향력을 끼칩니다.

수능 성적이 상위 0.1퍼센트인 아이들은 평범한 아이들에 비해 무엇이 다를까요? 대부분 아이큐나 기억력을 얘기할 것입니다. 이를 정확히 알아보기 위해 EBS 제작팀은 수능에서 상위 0.1퍼센트의 성적을 받은 고등학생을 대상으로 '학업 성취도와 기억력의 상관관계' 테스트를 진행했는데요. 테스트의 내용은 다음과 같습니다.

제작진은 상위 0.1퍼센트의 학생들과 일반 학생들을 서로 다른 팀으로 나눈 뒤, 모든 학생에게 서로 연관성이 없는 단어 25개를 각각 3초씩 들려주고 암기하게 했습니다. 그리고 듣기가 끝난 후 학생들에게 3분 동안 기억나는 단어를 모두 쓰도록 했습니다.

결과는 예상외였습니다. 두 집단 모두 평균적으로 8개의 단어를 적어 기억력 자체는 크게 다르지 않은 모습을 보였습니다. 주된 차이는 다른 곳에서 나타났습니다. 자신이 몇 개의 단어를 쓸 수 있는 지 예측하는 테스트에서 두 그룹이 유의미한 차이를 보인 것입니다.

사실 제작진은 기억하는 단어를 적게 하기에 앞서 학생들에게 자신이 몇 개 단어를 기억할지 예측해 보도록 했는데요, 일반 학생 중에서는 자신이 몇 개를 기억할지 제대로 맞힌 사람이 단 한 명도 없었습니다. 하지만 0.1퍼센트의 학생들은 한 명을 제외하고 모두 자신이 몇 개의 단어를 쓸 수 있을지를 정확하게 답했습니다. 아주 대학교 심리학과 김경일 교수는 이렇게 말했습니다. "이 두 집단의 차이는 기억력 자체의 차이가 아니라 자기가 얼마만큼 할 수 있느 냐를 보는 안목이라고 볼 수 있습니다."

결국, 0.1퍼센트의 학생들과 일반 학생들의 차이는 메타인지에 있었습니다. 우리 아이들의 공부에 절대적인 영향력을 끼치는 이 메타인지가 무엇인지에 대해 좀 더 깊게 알아보도록 하겠습니다.

자기 자신의 인지 과정을 점검하고 조절하는 능력인 메타인지는 연구자에 따라 다양한 방식으로 분류가 되는데요. 이 책에서는 교 육 현장에서의 실제 활용을 고려하여, 메타인지를 메타기억, 메타 이해, 메타주의, 이렇게 세 가지 요소로 나누어 설명하고자 합니다. 이 세 가지 요소는 학생들이 자신의 학습 상태를 인식하고 조절하 는 데 핵심적인 역할을 합니다.

첫 번째로 메타기억은 내가 무엇을 기억하고 있는지 아는 것을 말합니다. 앞서 EBS 제작팀에서 한 테스트가 바로 메타기억 능력을 측정하는 실험이었습니다. 다음 표를 통해 교실에서 메타기억 능력이 강한 학생과 그렇지 않은 학생의 상황별 반응을 살펴보겠습니다.

상황	메타기억 능력이 강한 학생	메타기억 능력이 약한 학생
단어 시험 공부	"이 단어는 잘 외웠고, 이건 헷갈리니까 집중적으로 외워야지."	"다 외운 것 같아!" (실제로는 헷갈리는 단어가 많음)
시험 후	"맞힌 문제는 풀 때 자신 있었고, 틀린 문제는 역시 좀 불안했어."	"다 잘 본 것 같은데?" (실제로는 틀림)
복습	"이 부분은 기억이 안 나니까 다시 노트 봐야겠다."	"수업 다 들었으니까 됐어." (복습 안 함)
친구에게 설명	"이건 나도 좀 헷갈리네."(다시 확인함)	"그냥 이렇게 외워!"(이유를 설명 못함)

위 표와 같이 메타기억 능력이 강한 학생은 자신이 무엇을 기억하고 있는지를 잘 알고, 복습과 학습 전략을 똑똑하게 세웁니다. 반면 메타기억 능력이 약한 학생은 제대로 외우지 못한 내용도 외운 줄 착각하거나, 모르는 것을 놓치고 지나칩니다. 학습 전략 또한 없거나 잘못된 방향으로 세우게 됩니다.

부족한 메타기억 능력을 향상시키기 위해서는 "지금 내가 완벽히 기억한 건 몇 개야?", "이 중에서 헷갈리는 건 뭐였지?", "자신 있는 문제, 자신 없는 문제에 표시해 볼까?"와 같이 수시로 자신의 기억 상태를 점검하는 질문을 하는 것이 좋습니다.

메타이해는 내가 지금 이 내용을 잘 이해했는지 아는 것을 말합니다. 다음 표를 통해 메타이해 능력이 강한 학생과 약한 학생의 상황별 반응을 살펴봅시다.

상황	메타이해 능력이 강한 학생	메타이해 능력이 약한 학생
글 읽기	"이 문장이 무슨 뜻인지 모르겠어. 다시 읽어야겠어."	"그냥 넘기자~" (이해 안 됐지만 그냥 지나감)
수업 중	"선생님 말씀이 좀 어려웠어. 나중에 질문해야겠다."	"다 알겠지, 뭐~" (사실 정확히 이해 못함)
문제 풀이	"이 문제는 왜 이렇게 푸는지 알겠어!"	"답만 맞으면 됐지~ 왜 그런지는 몰라."
친구에게 설명	"내가 이해한 걸 말로 설명해 볼게!" (말이 잘 나옴)	"음… 그냥 그런 거야…" (설명이 안 됨)

위 표와 같이 메타이해 능력이 강한 아이는 내가 지금 이 내용을 잘 이해했는지 아닌지를 스스로 점검한 뒤, 좀 더 효과적인 학습을 위해 전략을 바꾸거나 행동을 조정할 수 있습니다. 따라서 깊이 있는 이해가 가능하죠. 반면 메타이해 능력이 약한 학생은 모르는 것을 모르고 그냥 넘어가서 깊은 이해가 이루어지지 않습니다.

부족한 메타이해 능력을 향상시키기 위해서는 친구에게 설명하기, 이해가 안 된 부분은 표시하고 다시 살펴보기, 이해한 내용 빈 종이에 적어 보기 등 충분히 이해했는지 점검해 보는 활동이 도움이 됩니다.

메타주의는 자신의 주의 상태를 인식하고, 집중이 흐트러졌을 때 다시 조절하는 것을 말합니다. 다음 표를 통해 교실에서 메타주의 능력이 강한 학생과 약한 학생의 상황별 반응을 살펴봅시다.

상황	메타주의 능력이 강한 학생	메타주의 능력이 약한 학생
수업 시간	"지금 집중이 산만해졌네. 자리를 정리하고 다시 집중해야겠다."	(현재 집중이 산만해졌다는 것을 전혀 인식하지 못함)
문제 풀이	"이 문제를 풀 때 집중이 흐트러졌어. 다시 차분히 풀어야겠다."	(주의가 분산되어 답만 급하게 적기 때문에 실수가 많음)
발표 준비	"발표 연습 중 집중이 잘 안 돼. 잠깐 쉬었다가 다시 해 보자."	(발표 준비 중 딴짓, 집중 못함)
친구와 갈등	1. "지금 내가 화가 나서 말이 날카로워지고 있네. 잠깐 대화를 멈춰야겠다." (화가 난 상태를 알아차리고 멈춤) 2. "조금 감정을 가라앉히고, 친구 입장을 다시 생각해 보자." (주의를 감정 조절과 문제 해결로 돌림) 3. "지금 마음이 가라앉았으니 화해할 방법을 찾아보자." (주의를 상황 해결에 집중)	1. "모르겠고, 그냥 짜증 나!" (주의와 감정 상태를 점검하지 못함) 2. "○○이가 잘못했잖아. 왜 나한테만 그래!" (주의가 감정에만 쏠림) 3. "아직 말 걸기 싫어. 그냥 피할래." (주의가 회피에 머묾)

앞의 표와 같이 메타주의 능력이 강한 학생은 자신의 주의 상태를 스스로 점검하고 조절하며, 학습에 높은 집중력을 유지할 수 있습니다. 또한 갈등 상황이 생겼을 때, 자신의 감정과 주의 상태를 점검하고 조절하면서 문제 상황을 이성적으로 해결할 가능성이 큽니다. 반면 메타주의 능력이 낮은 학생은 주의가 흐트러진 사실조차 알아차리지 못해 학습 효과를 충분히 얻기 어렵습니다. 또한 갈등 상황이 생겼을 때, 감정과 주의 상태를 점검하지 못해 갈등이 더 심화할 가능성이 큽니다.

지금까지 메타인지의 세 가지 요소인 메타기억, 메타이해, 메타주의의 정의와 구체적인 예시를 살펴보았는데요. 이 세 가지는 아이들이 자신의 학습 상태를 스스로 점검(현재 상태를 알아차림)하고 효율적으로 조절(행동 수정을 하거나 전략을 바꾸는 것)하는 데 핵심적인 역량입니다. 즉 메타인지는 아이들의 학습 능력에 지대한 영향력을 끼친다고 볼 수 있습니다.

그렇다면 우리 아이들의 메타인지 능력을 올리려면 어떻게 해야 할까요? 게임의 상태창과 같이 나 자신의 능력치를 객관적으로 볼 수 있는 도구가 현실 세계에는 없을까요? 여러분들에게 게임 캐릭터 상태창과 비슷한 효과를 누릴 수 있는 도구를 소개해 드리고자 합니다. 바로 데일리 리포트입니다.

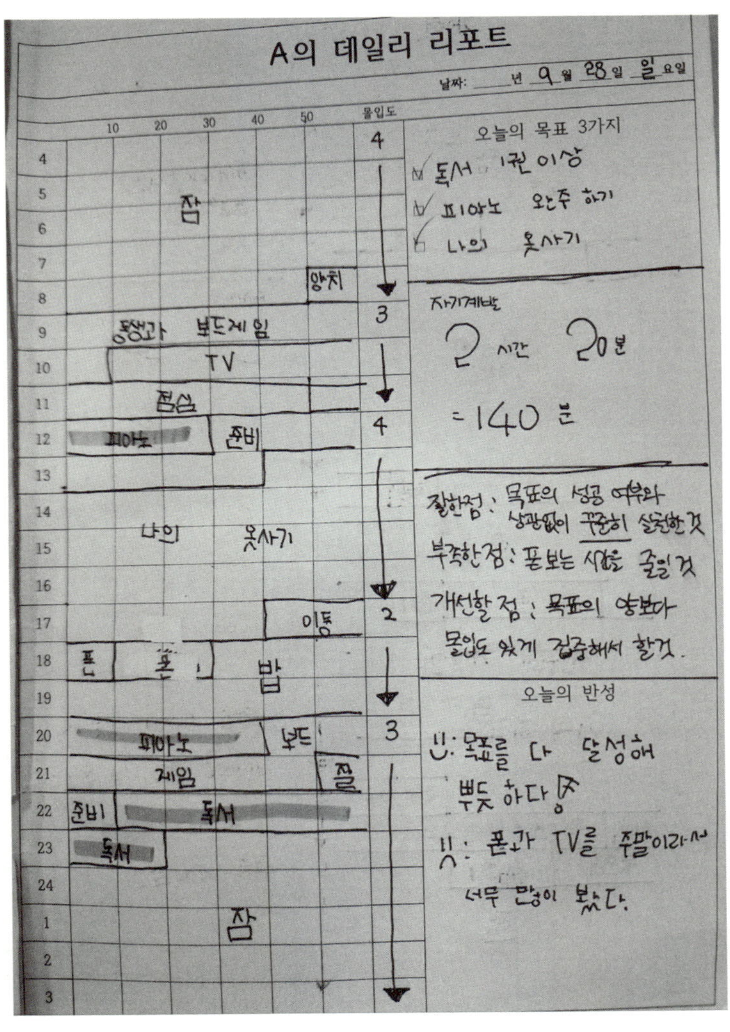

B의 데일리 리포트 3일차

날짜: 2025년 9월 4일 목요일

	10	20	30	40	50	몰입도	
4						3	오늘의 목표 3가지
5	수면					3	☑ 아침 독서하기
6						3	☑ 저녁에 실내 자전거 타기
7	스트레칭	독서	휴식	준비	3		☑ 저녁 or 아침에 스트레칭하기
8	이동					4	
9						4	자기 계발 : 6시간 (360분)
10						3	
11	학교					3	몰입도
12						2	2 : 2 4
13						2	3 : 14 42
14						5	4 : 4 16
15	영어학원					5	5 : 4 20
16		이동	수학학			5	
17	휴	이동	학습지 28~32		5		
18	휴식	독서				A	
19	저녁식사	영어숙				3	오늘의 반성
20	제	휴식	구운	동		3	목표를 이루고 공부 00하고
21	진	휴식	스트레칭			A	1분 쉬기를 반복했다.
22	휴식	샤워				3	앞으로는 타이머로 맞춰서
23						3	정확히 재야겠다.
24						3	
1	수면					3	
2						3	

데일리 리포트는 앞의 사진과 같이 하루 동안 한 일과 매시간 집중 점수를 적고 반성한 기록입니다. 저희 반 아이들은 다음과 같이 데일리 리포트를 활용합니다.

우선 하루를 시작하기 전, 전날 밤이나 당일 아침에 우선순위를 고려하여 2~4가지의 하루 목표를 세웁니다. 그리고 목표에 맞춰 하루를 충실히 보냅니다.

저녁이 되면 오늘 하루의 학습 상태와 생활을 돌아보며 한 일을 구체적으로 기록하는데요, 이때 매시간 단위로 해당 시간의 집중도 점수도 함께 기록합니다.

마지막 단계는 제일 중요한 반성 단계입니다. 하루 동안 한 일과 집중도 기록을 보고 잘한 점, 못한 점, 개선할 점을 찾고 다음 날 계획과 목표에 반영합니다. 마치 게임 캐릭터의 상태창을 보면서 장단점을 찾고, 레벨업을 하기 위해서 여러 가지 성장 전략을 세우는 것과 비슷합니다.

아이들에게 데일리 리포트에 대해 설명할 때는 주로 게임에 비유를 합니다. 게임 용어가 아이들에게 워낙 친숙하다 보니, 게임에 비유하면 그렇지 않은 경우보다 훨씬 더 이해가 빨랐습니다. 아이들의 이해를 돕기 위해 제가 주로 활용하는 게임 속 개념은 다음의 표와 같습니다.

항목	게임	현실
성장 도구	게임의 상태창	데일리 리포트
눈에 보이는 성장	레벨업	성적 향상, 목표 달성
눈에 보이지 않으나 누적되는 성장	경험치	당장 눈에 결과가 보이지 않으나 매일 꾸준히 실천하는 행동들 (공부, 운동, 글쓰기 등)
점검 기능	상태창을 통해 자기 능력과 상태 확인	데일리 리포트를 통해 하루의 행동, 감정 상태 되돌아보기
조절 기능	스킬 변경, 무기 변경 등 전략 조절	계획 및 루틴 수정, 행동 개선
목표 설정	시스템이 주는 퀘스트	스스로 자신의 수준에 맞는 목표 설정
목표 설정 기준	레벨, 아이템, 체력 상태	하루 가용 시간, 평균 자기 계발 시간, 루틴, 컨디션 등
너무 낮은 목표	현재 레벨 100인데, 레벨 1이 잡는 슬라임만 계속 잡음 (경험치를 적게 먹어서 성장이 더딤)	어려운 수학 문제는 놔두고, 이미 답을 알고 있는 쉬운 수학 문제들만 계속 풂 (실력이 늘지 않음)
너무 높은 목표	현재 레벨 1인데, 레벨 200이 돼야 잡을 수 있는 드래곤을 사냥하려고 함 (계속된 실패로 게임에 대한 재미가 떨어짐)	독서 습관이 형성되어 있지 않아 하루 10분이 한계인데, 2시간 독서를 하루 목표로 잡음 (계속된 실패로 흥미가 떨어짐)

현실을 게임에 비유해서 설명하면 아이들은 현실 또한 게임과 마찬가지로 마음껏 성장할 수 있는 즐거운 공간이라고 자연스럽게 인식하기 시작합니다. 데일리 리포트 기록에 익숙해지면 아이들은 게임의 퀘스트처럼 스스로 하루 목표와 달성 보상을 설정합니다. 마치 게임 전략을 수정하듯, 오늘 목표가 현재 내 능력에 맞지 않았거나 보상이 적절하지 않았다면 다음 날 계획에 반영합니다.

이렇게 매일 목표를 세우고 수행한 뒤 개선할 점을 찾고, 이를 다시 목표에 반영하는 과정의 반복을 통해 아이들은 메타인지 능력을 키우게 됩니다. 처음에는 무뎠던 메타인지 능력이 기록과 반성을 거듭하면서 날카로워지는 것이죠. 그 결과로 아이들은 마치 게임의 상태창처럼 자신의 현재 상태를 객관적으로 인식할 수 있습니다.

지금까지는 게임이라는 비유를 통해 메타인지가 어떤 것인지 알아보고, 메타인지 능력을 높여 주는 성장의 도구로서 데일리 리포트가 하는 역할에 대해 살펴보았습니다. 하지만 데일리 리포트를 꾸준히 작성하는 것의 장점은 여기에서 그치지 않습니다. 다음으로는 아이가 스스로 느끼는 4가지 효과를 함께 살펴보겠습니다.

아이가 느끼는 데일리 리포트의 4가지 효과

──── 성장하는 즐거움을 느낄 수 있다

데일리 리포트를 쓰게 되면 레벨을 올리며 게임을 즐기듯이 자신의 능력치를 올리며 성장하는 즐거움을 느낄 수 있습니다. 다만 게임과 달리 현실은 가시적으로 성과를 확인하기 위해 최소 3~4주 이상의 시간이 필요합니다.

아이가 오늘 1시간 동안 게임을 한다고 가정해 볼까요? 마을 앞의 몬스터를 잡거나 작은 퀘스트를 수행하기만 해도 골드, 아이템, 경험치 등의 가시적인 보상을 받고 변화하고 성장하는 기쁨을 느낄 수 있을 겁니다. 반면 현실에서는 아이가 공부, 독서, 글쓰기를 1시간 한다고 해서 당장 눈에 띄는 보상이나 변화가 보이지 않습니다.

"선생님, 3일 동안 정말 열심히 공부했는데 수학 실력이 느는 것 같지 않아요."

"선생님 저는 재능이 없는 것 같아요. 4일 동안 데일리 리포트 정말 열심히 썼는데, 별로 달라진 게 없어요."

학급에서 데일리 리포트를 처음 시작하면 3~4일 정도의 단기간에 나름대로 노력했는데 눈에 띄는 실력 변화가 보이질 않는다며 실망하는 아이들이 매번 있습니다. 고작 하루를 기록하고 반성하고 행동 습관을 약간 바꾸는 것만으로 긍정적으로 변화할 수 있냐고 의문을 갖는 아이들도 있습니다. 그럴 때마다 저는 아이들에게 다음과 같은 그래프를 보여 줍니다.

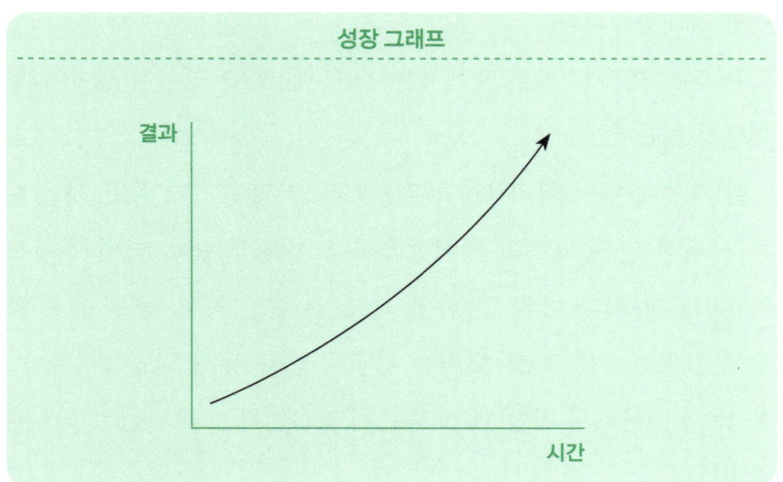

습관은 복리로 작용합니다. 돈이 복리로 불어나듯이 습관도 반복되면서 그 결과가 곱절로 불어나는데요. 습관 형성과 행동 수정을 목표로 하는 데일리 리포트 역시 마찬가지입니다. 데일리 리포트를 통해 하루에 1퍼센트씩 성장한다고 가정했을 때, 3일간 노력한다고 하면 $1.01^3 ≒ 1.03$으로 3퍼센트 정도 성장을 할 수 있습니다. 변화를 체감하기에는 다소 아쉬운 수치죠. 그럼 한 달 동안 노력한다고 가정하면 어떻게 될까요? $1.01^{30} ≒ 1.34$로 무려 34%나 성장할 수 있습니다. 34%면 눈에 띌 만한 엄청난 성장이죠. 그래서 저는 아이들에게 힘들더라도 딱 한 달만 데일리 리포트를 쓸 것을 제안하면서 제 이야기를 들려줍니다.

2018년 당시 군대를 갓 전역하고 학교에 복직한 저는 매우 불안정한 상태였습니다.

"사람은 어차피 모두 죽게 되어 있는데, 과연 열심히 살아야 할 이유가 있을까?"

삶 자체에 대한 회의감이 밀려오면서, 전역 후 1년 동안 제 상태는 서서히 안 좋아지기 시작했습니다. 매일 꾸준히 하던 운동도 하루이틀 빠지다 아예 안 하게 되고, 글쓰기, 독서, 공부 등도 조금씩 멀리하다가 몇 달 뒤에는 완전히 손을 놓게 되었습니다. 하루 1% 성장은커녕 저는 1%씩 퇴화해 갔습니다. $0.99^{365} ≒ 0.025$가 된 것이죠.

여가 시간에는 자기 계발 대신 현실 도피를 위해 게임에 빠져들 었습니다. 하루 평균 8시간 이상을 몰두할 정도로 심각한 수준의 게임 중독 상태였습니다. 이와 동시에 학교에서의 제 입지도 갈수 록 줄어들기 시작했습니다. 신규 시절의 열정 넘치던 제 모습을 기 대하던 아이들과 학부모님들은 무기력한 제 모습에 실망했고, 동료 선생님들은 일 못하고 책임감 없는 저를 멀리하기 시작했습니다.

슬럼프가 시작된 지 정확히 1년 후, 저는 더 이상 이렇게 살아서 는 안 되겠다는 마음으로 스스로를 바꾸기로 결심했습니다. 애초에 인생에 주어진 의미가 없다면, 스스로 그 의미를 만들어 보기로 마 음먹었습니다. 이때 성장의 도구로 선택한 것이 바로 데일리 리포 트입니다.

당시 저는 간절한 마음으로 한 달 동안 매일 운동, 독서, 명상, 식 습관·수면 습관 관리를 꾸준히 하며 하루를 데일리 리포트에 기록 하고 반성했는데요. 매일 계획과 실천을 거듭하며 불규칙하던 생활 들이 규칙적으로 바뀌고, 운동과 식습관 변화로 건강해지면서 주 변 사람들이 왜 이렇게 얼굴이 좋아졌냐고 매번 물을 만큼 제 상태 는 급속도로 좋아지기 시작했습니다. 매일 퇴화하며, 노력해도 전 혀 변화가 없을 거 같았던 제게 불과 한 달도 채 되지 않아 눈에 띄 는 변화가 찾아온 것이죠.

데일리 리포트를 통해 성장하는 재미를 느낀 후로는 유튜브, 교

육 영상 대회, 뮤지컬, 브런치 등 그동안 해 보지 못한 다양한 분야
들에도 도전하게 되었습니다. 학교에서도 그 누구보다 책임감 있게
행동하고, 학교생활을 진심으로 즐기는 선생님으로 변화할 수 있었
습니다.

"얘들아, 지금 선생님 보면 하루 8시간 이상 게임만 하던 게임 폐
인의 기운이 느껴지니? 한때 학교에서 무기력한 선생님이었다는
게 믿어지니? 꾸준하게 노력하면 사람은 바뀌어."

저는 아이들에게 제 이야기를 들려주며, 도저히 나아질 기미가
보이지 않는 힘들고 어려운 상태일지라도 최소 한 달 이상만 노력
하면 바뀔 수 있다는 것을 강조합니다. 제가 경험했던 것처럼 변화
가 눈에 보이기 시작하면 성장하는 재미를 느낄 수 있게 됩니다.

우리 아이가 데일리 리포트를 통해 하루 1%씩 성장한다면 1년
뒤에는 몇 배나 성장할 수 있을까요? $1.01^{365} \fallingdotseq 37.78$로 무려 37배나
성장할 수 있습니다. 놀랍지 않나요? 37배나 성장한 아이는 세상이
얼마나 재미있을까요? 초등학교 때부터 데일리 리포트 기록을 통
해 매일 반성하고 행동 수정을 해 나가는 습관을 기른다면 중학교,
고등학교를 졸업하고 성인이 된 아이는 몰라볼 만큼 달라져 있을
것입니다. 상상만 해도 두근거리지 않나요?

"학교 숙제는 했니? 왜 너는 항상 엄마가 꼭 말을 해야 숙제를 하니? 스스로 챙겨서 할 수는 없니?"

"아니, 방금 하려고 했는데 엄마 때문에 숙제할 마음이 사라졌어요. 하기 싫어요."

"원래 숙제할 마음도 없었으면서 무슨 엄마 핑계야?"

가정에서는 매번 공부 때문에 부모님과 자녀의 전투가 벌어집니다. 부모님은 아이들에게 학원 가라, 숙제 해라 잔소리를 하고, 아이는 스스로 주도한다는 느낌을 받지 못해 부모님께 반항하고 대듭니다. 용돈이나 새로운 스마트폰 등 외적 보상으로 유혹을 해 봐도 그때뿐, 아이의 내적 동기에는 전혀 영향을 미치지 못합니다. 옆집 누구는 부모가 잔소리를 따로 하지 않아도 스스로 알아서 공부를 잘한다는데, 우리 아이는 왜 이럴까 조바심이 나기도 합니다. 혹자는 때가 되면 아이가 알아서 공부하게 되어 있다며 여유를 가지고 기다리라고 하지만, 이미 때가 늦은 것이 아닐까 걱정이 되기도 합니다.

한편 아이는 자신의 성장과 발전을 위해 학교에 간다는 것을 머리로는 알고 있지만, 진심으로 그렇게 느끼진 못합니다. 그저 가야 하니까, 가라고 하니까 갑니다. 수업을 들을 때도 마찬가지입니다. 선생님이 지식을 알려 주니 배우는 것이지, 진심 어린 호기심으로 선생님께 질문하거나 자신의 성장을 위해 적극적으로 학교생활에 임하는 아이는 극히 드뭅니다. 도대체 무엇이 문제인 걸까요?

사실 아이들은 뭐든 혼자 힘으로 해내고 싶어 합니다. 본래 사람의 내면에는 자기주도적인 삶을 살려는 의지가 강력하기 때문이죠. 하지만 부모나 교사가 의무적으로 시키거나 억지로 공부하라고 하면 그 주도성이 상처를 받습니다. 누군가 시켜서 해야 하는 일들이 늘어나게 되면서 아이들은 공부에 흥미를 잃고 공부를 거부하게 됩니다.

그럼 이렇게 잃어버린 자기주도학습 능력을 되찾으려면 어떻게 해야 할까요? 자기주도학습의 핵심은 아이 스스로 주도한다는 느낌입니다. 스스로의 인생을 개척하고 주도한다는 느낌을 갖기에 데일리 리포트는 가장 좋은 도구입니다. 앞서 설명했듯이, 아이들은 데일리 리포트에 하루를 기록하고 반성합니다. 그리고 반성을 통해 개선점들을 찾아 다음 날 목표에 반영합니다. 새로운 목표 설정, 행동 수정, 기록, 반성 과정을 끊임없이 반복하면서 아이들은 조금씩 성장하게 됩니다. 이 모든 과정을 스스로 수행했기에, 아이들은 주도성을 되찾게 됩니다.

데일리 리포트 기록을 1달 이상 꾸준하게 지속하면서 스스로의 변화를 체감하고 성장하는 즐거움을 맛보게 되면 그때부터 아이의 자기주도학습 능력은 기하급수적으로 상승하게 됩니다. 안 좋은 습관이나 루틴을 바꾸기도 하고, 집중력이 좋거나 반대로 떨어지는 시간대를 찾기도 하고, 새로운 공부 방법을 스스로 개발하기도 합니다. 마치 게임 캐릭터를 더 빨리 레벨업 시키기 위해 게임 전략과 공략법을 찾는 것처럼요.

이 단계에 접어든 아이들은 더 이상 억지로 학교와 학원에 다니지 않습니다. 시켜서 가는 곳이 아니라, 경험치를 얻어 레벨업할 수 있는 공간으로 인식하게 되기 때문입니다. 이때 아이들은 스스로 어느 과목의 어느 부분이 부족한지를 알아차리고 부모님께 그 부분을 보충할 수 있도록 몇 달만 학원에 보내 달라고 요청하기도 합니다. 스스로 학습이 충분히 가능하다고 판단이 되었을 때는 학원이 필요 없다고 부모님께 얘기하고 자습에 집중하기도 합니다. 아이가 이런 반응을 보이는 이유는 오랜 데일리 리포트 기록으로 메타인지가 발달하여 자신의 상태와 능력을 정확히 이해하고 있기 때문이죠.

이렇게 아이는 데일리 리포트를 꾸준히 기록하며 성장의 즐거움을 알게 되고, 자기주도학습 능력을 되찾게 됩니다. 스스로 주도한다는 느낌이 들게 되면서 진정으로 자신이 인생의 주인이라는 것을 느낄 수 있게 됩니다.

"선생님, 3교시 언제 끝나요?"

매번 고학년 담임을 맡고 있지만, 수업을 몇 시에 마치냐는 질문은 항상 듣습니다. 고학년 아이들이라도 의외로 시간 감각이 부족한 경우가 많다는 것을 느낍니다. 몇 시에 수업이 시작되고 몇 시에 끝나는지 잘 모르는 아이들도 있습니다. 급식 시간이나 하교 시간은 귀신같이 잘 챙기면서도 그 외 나머지 시간에는 딱히 관심이 없습니다. 그저 흘러가는 대로 두는 느낌입니다.

어제 몇 시에 무엇을 했냐고 물어보면 바로 대답을 못 하고 한참을 고민하는 아이들이 부지기수입니다. 주어진 대로, 흘러가는 대로 살기 때문이죠. 많은 아이들이 자신의 소중한 시간을 평소에 어디에 쓰고 있는지 잘 모를뿐더러 관심도 없습니다. 수학 시간에 문제를 빨리 풀고 남는 시간에 멍을 때리거나, 미술 시간에 만들기를 얼른 끝내 놓고 딴짓을 하는 아이들을 쉽게 볼 수 있습니다. 아이들이 자신의 소중한 시간을 낭비하는 것이 안타까워 독서를 하거나 숙제를 하는 등 남은 시간을 좀 더 의미 있게 사용하라고 조언해도 그때만 잠시 책을 읽는 시늉을 할 뿐 여전히 시간을 낭비하는 모습을 보입니다. 아무리 시간의 유한성과 소중함을 설명해도, 실제로 체감이 되지 않기에 전혀 변화가 없습니다.

하지만 데일리 리포트를 쓰게 되면 아이들의 이런 모습도 달라집니다. 일단 자신이 하루 동안 한 일을 기록하면서 하루에 시간을 어디에 어떻게 쓰는지 알아차리게 됩니다. 10분 단위로 시간을 기록하면서 시간 감각도 생기게 됩니다. 메타인지 능력이 발달해 자신의 능력치를 알게 되면서, 목표를 세울 때 이 정도 목표는 얼마 정도의 시간이 걸리겠다는 예측도 가능해집니다.

데일리 리포트 작성법을 배운 지 2~3주가 지나 아이들이 데일리 리포트 기록에 어느 정도 적응을 하게 되면 저는 아이들에게 다음과 같은 띠그래프를 보여 줍니다.

24시간 띠그래프

수면 (8시간)	학교 (6시간)	휴대폰, 게임, TV (5시간)	자기 계발 (2시간)	식사 (1시간 반)	기타 (1시간 반)

누구에게나 하루에 주어진 시간은 24시간입니다. 우리 아이 또한 마찬가지죠. 띠그래프를 보면, 24시간 중 권장 수면 시간인 8시간, 학교에서의 6시간을 제외하면 아이에게 남는 시간은 고작 10시간

뿐입니다. 거기서 식사 시간과 이동 등 기타 사용 시간을 제외하면 7시간밖에 남지 않습니다. 아이가 스마트폰이나 TV에 중독되어 하루 평균 5시간 정도를 보낸다고 가정하면 아이가 스스로의 성장을 위해 쓸 수 있는 시간은 고작 2시간밖에 되지 않습니다. 제가 띠그래프를 그려서 보여 주면 아이들은 생각보다 시간이 없다는 사실에 충격을 받습니다.

우리가 경험하는 대부분의 하루는 대부분 비슷한 패턴을 보입니다. 특히나 학생들은 학교에 다니기 때문에 매일이 비슷한 하루죠. 그럼 10년간 오늘 하루의 생활을 반복했을 때 사용 시간은 어느 정도 될까요?

10년 띠그래프

수면 (29,200시간)	학교 (21,900시간)	휴대폰, 게임, TV (18,250시간)	자기 계발 (7,300시간)	식사 (5,475 시간)	기타 (5,475 시간)

★ 하루 10분 × 10년 ≒ 608시간

이 띠그래프를 보고 아이들은 하루하루가 쌓여 10년 뒤의 나를 만든다는 것을 깨닫습니다. 그리고 아주 하찮게 보이는 적은 시간

일지라도 세월이 흘러 쌓이면 무시하지 못할 정도로 많은 시간이 될 수 있다는 것도 느낍니다. 하루 10분이 10년 쌓이면 무려 608시간이나 되는 것처럼요.

자기 계발에 하루 6시간을 투자하는 학생과 1시간을 투자하는 학생의 10년 뒤 격차는 얼마나 날까요? 21,900시간과 3,650시간으로 엄청난 차이가 납니다. 시간 투자의 스케일 자체가 다르니, 결과물도 당연히 차이가 날 수밖에 없겠죠. 저는 아이들에게 이렇게 구체적으로 시간을 계산한 예시를 보여 주면서 시간 감각을 느끼게 합니다. 그러면 아이들은 당장 변화가 눈에 보이지 않더라도, 하루하루를 성실히 보내다 보면 그 시간이 쌓여 결국 자신을 바꿀 수 있다는 사실을 깨닫게 됩니다. 시간의 소중함을 자연스럽게 느끼게 되는 것이죠.

데일리 리포트를 활용하면서 시간의 소중함을 느낀 아이들은 시간 활용법이 남다릅니다. 이 아이들은 수학이나 미술 과제를 친구들보다 먼저 끝내더라도, 바로 책을 꺼내 독서를 하거나 숙제를 합니다. 장기 기억으로 저장해서 나중에 다시 외우는 수고를 줄이기 위해 수업이 끝나자마자 2~3분 동안 배운 내용을 복습하는 아이들도 있습니다. 이 아이들은 자투리 시간을 매우 잘 활용하고, 분 단위로 시간을 소중하게 사용합니다. 시간의 노예가 아닌 진정한 시간의 주인이 된 것이죠.

"나중에 내가 원하는 걸 못 이루면 어쩌지? 실패하면 어떻게 하지?"
"아… 그때는 이렇게 해야 했는데… 난 왜 그랬을까?"

우리는 종종 미래에 대한 불안과 걱정, 과거에 대한 자책이나 후회에 빠지곤 합니다. 특히 저는 과거에 1년 목표를 세우고 매일 플래너를 작성하면서 이런 감정에 자주 빠지곤 했습니다. 거창한 목표를 세우고, 주변 사람들에게 제 꿈과 목표를 알리면서 확언까지 했는데 스스로와 한 약속조차 지키지 못하는 제 자신이 참으로 한심하다고 느꼈습니다.

왜 이런 일이 생긴 걸까요? 가장 큰 문제는 현재 수준에 맞지 않게 너무나 높은 목표를 세웠다는 점입니다. 그리고 목표를 이루기 위한 하루하루의 작은 실천들을 경시했죠. 지금의 상태에 비해 너무나 거대해 보이는 목표를 바라보면, 고작 오늘 하루 조금 열심히 산다고 해서 도저히 목표까지 다가갈 수 없을 것 같았거든요.

또한 저는 하루의 작은 실천들을 단순한 목적 달성의 수단으로밖에 여기지 않았습니다. 새로운 지식을 습득하고 사색하는 재미를 느끼는 대신에 '책 100권 읽기'라는 목표 달성에만 집착하고, 사람들과 어울려 운동하는 것을 즐기는 대신에 '몸무게 5kg 빼기'라는 목표 달성에만 신경을 썼습니다. 작은 행동들을 목표 달성의 수

단으로만 여긴 탓에 행동 그 자체에 대한 즐거움이 사라졌죠. 즐거움이 없으니 행동을 꾸준하게 실천하는 것이 힘들었습니다. 결국엔 목표 달성에 실패하고, 그것을 만회하기 위해 제 수준과는 맞지 않는 더 큰 목표를 세우게 되고… 악순환의 반복이었죠.

하지만 데일리 리포트를 쓰게 되면서부터는 달라졌습니다. 데일리 리포트를 통해 매일 작은 목표를 세우고 1시간 단위로 집중도를 평가하면서 작은 행동의 중요성을 깨달았습니다. 작은 행동들이 쌓이고 쌓여서 결과를 만든다는 것을요. 저도 모르게 예전 습관대로 과거와 미래에 마음이 빼앗기더라도, 데일리 리포트 공책을 펼치기만 하면 자연스럽게 다시 돌아올 수 있었습니다. 당장의 집중도 점수를 올리려면 지금 현재에 집중해야 했거든요. 하루 동안 몰입도가 꽤 좋았던 날은 대부분 그날 세운 목표들을 달성했습니다. 그때 저는 깨달았습니다. 제 의식이 지금 이 순간에 머물러 있고, 지금 하는 행동이 어떤 목적을 위한 수단이 아니라 그 자체로 의미를 가질 때, 비로소 최상의 퍼포먼스를 발휘할 수 있다는 것을요.

몰입 개념을 정리한 칙센트미하이(Mihaly Csikszentmihalyi)는 '우리 인생에서 가장 좋은 순간들은 수동적이고 편안한 시간이 아니라, 몸이나 마음을 한계까지 밀어붙이며 가치 있는 무언가를 이루려는 자발적인 노력 속에서 찾아온다'라고 말했습니다. 《몰입》의 저자 황농문 교수님 또한 몰입은 고통이 아니라 즐거움이라고 했습니다.

실제로 몰입하게 되면 우리 뇌에서 행복 호르몬인 엔도르핀과 도파민이 분비되어, 심리적 만족과 쾌감이 커진다고 합니다. 칙센트미하이와 황농문 교수님의 말씀처럼 저 또한 데일리 리포트를 통해 매시간 몰입하는 경험을 하게 되면서 즐거움과 행복감을 얻게 되었습니다.

물론 데일리 리포트를 쓰면서 하루 목표 달성에 실패한 경우도 많았는데요, 그때마다 전 이전처럼 자책에 빠지기보다는 왜 실패할 수밖에 없었는지를 분석했습니다. 많은 시행착오를 통해 현재 능력에 알맞게 하루 목표를 설정할 수 있게 되었고, 이전보다 훨씬 더 몰입감 있고 즐거운 하루를 보낼 수 있게 되었습니다.

저희 반 아이들 또한 저와 비슷한 경험을 했습니다. 데일리 리포트를 통해 매일 목표를 세우고, 집중 점수를 높이기 위해서 순간마다 몰입하고, 실패를 돌아보고 수정하는 과정의 반복을 통해 현재에 집중하는 행복한 하루를 보낼 수 있게 되었습니다.

이처럼 데일리 리포트는 메타인지 능력과 자기주도학습 능력, 시간 감각을 향상시키고, 성장하는 즐거움과 몰입을 통한 행복감을 느끼게 하는 등 잠재력을 끌어올리는 데 최적화된 도구입니다. 이러한 데일리 리포트의 효과는 아이 개인의 성장에서 그치지 않습니다. 이어지는 내용에서는 부모님과 선생님의 관점에서 데일리 리포트의 활용도를 살펴보겠습니다.

교사와 부모를 돕는 데일리 리포트

—— 보이지 않는 시간을 파악하고 지도할 수 있다

평일 오전 8시 40분 ~ 오후 2시 40분 (총 6시간)

이는 고학년 기준으로 교사가 학교에서 아이들의 행동을 직접 관찰할 수 있는 시간입니다. 하지만 하루 중 이 6시간을 제외한 나머지 18시간 동안은 아이가 무엇을 하고 있는지, 어떤 생각을 하고 있는지 파악하기가 어렵습니다. 더군다나 평일이 아닌 주말은 교사의 눈에 보이지 않는 시간이기에 웬만해선 아이의 상태 파악이 힘듭니다. 가끔 몇몇 아이들이 선생님에게 와서 하루 동안 즐겁거나 슬펐던 일을 이야기할 때나, 아이들이 쓴 일기장을 확인할 때에야 교사는 아이들이 하루를 어떻게 보내는지 추측할 수 있을 뿐입니다.

하지만 이런 파악 방법은 평소 선생님과 대화하기를 좋아하는 몇몇 아이들이나 글로 자신을 잘 표현하는 아이들에 국한될 뿐, 평균적으로 한 반에 23~28명이나 되는 아이들의 하루를 전부 파악하기란 불가능합니다. 개별 상담을 통해 아이의 하루를 파악하자니 이에 들어가는 시간과 에너지가 만만치 않습니다. 아이 1명당 10분의 시간을 잡는다고 해도 반 전체 상담에 거의 4시간이나 소요됩니다. 그것도 고작 1회의 상담에 말이죠. 갖가지 업무와 수업 준비로 바쁜 교사에게는 상당히 부담되는 시간입니다.

교사라면 아이가 학교에 있는 시간만 잘 신경 쓰면 되지, 왜 굳이 아이의 하루를 파악하는 것이 필요한지 의문을 가지는 분도 계실 것입니다. 가정에서의 시간은 가정의 몫인데 왜 학교에서 생활 전반까지 관여해야 하냐고 생각하실 수도 있을 것입니다. 하지만 우리도 이미 알다시피 시간은 연결되어 있습니다. 학교에서의 시간은 학원, 가정, 그 외의 시간과 서로 연결되어 있죠. 아이가 학교에서 집중하지 못하는 이유는 전날 밤늦게까지 게임을 하다가 늦게 잤기 때문일 수 있고, 매번 숙제를 안 해 오는 이유는 집에 있을 때의 시간 관리 습관을 잡는 데 실패했기 때문일 수 있습니다. 학교를 단순히 아이에게 지식을 가르쳐 주는 공간이 아니라 삶을 지도하는 공간으로 생각한다면, 교사는 아이의 하루 전체를 하나의 흐름으로 바라볼 필요가 있습니다.

　저희 학급의 예시를 들어 보겠습니다. 저희 학급에서는 자주 지각하는 학생이 있으면 우선 그 학생의 데일리 리포트에서 밤과 아침 시간의 기록을 분석해 보고 지각의 원인을 찾습니다. 전날 잠은 잘 잤는지, 잘 못 잤다면 그 이유는 무엇인지, 앞으로 지각하지 않기 위해 하루 습관 중 어떤 부분을 고쳐야 할지, 학부모님께 도움을 요청할 부분은 있는지 등 근본적인 문제 해결책을 찾습니다.

　시간이 없다는 이유로 매번 숙제를 안 해 오는 아이가 있으면 단순히 의지를 탓하거나 꾸짖기보다는 데일리 리포트를 통해 하교 후 아이가 오후 시간을 어떻게 보내는지 살펴봅니다. 아이의 말대로 정말 시간이 없는 건지, 스마트폰이나 TV 등 불필요한 곳에 시간을 낭비하고 있는 건 아닌지, 매일 일정한 시간에 숙제하는 습관을 만들려면 어느 시간대에 숙제하는 것이 좋은지 등을 아이와 함께 살펴보며 근본적인 해결 방법을 모색합니다.

　분명히 숙제를 했는데 아침에 깜빡하고 학교에 안 들고 왔다는 아이의 말을 들으면 참 난감합니다. 숙제를 아예 안 한 아이와 숙제를 했지만 안 들고 온 아이는 분명 다릅니다. 그렇다고 벌의 강도를 다르게 주자니 한 가지가 마음에 걸립니다. 가끔 숙제를 안 했음에도 순간을 모면하기 위해 거짓말을 하는 경우가 생길 수도 있기 때문입니다. 이런 경우에 저는 아이들의 데일리 리포트를 살펴봅니다. 데일리 리포트를 통해 아이들이 사용한 시간 내역을 살펴보면 전날 숙제를 했는지 안 했는지, 아이가 거짓말을 했는지 안 했는지 정확히 알 수 있거든요. 이렇게 교사는 데일리 리포트를 활용하여 볼 수 없는 아이들의 시간을 파악하고, 그에 맞춰 맞춤형 지도를 할 수 있습니다.

그런데 학기 중에는 이렇게 교사의 관리가 이루어지더라도, 방학을 보내며 상당수의 아이가 생활과 학습 습관이 망가져서 돌아옵니다. 학기 중에 아이들을 세심하게 보살피며 신경을 썼음에도 방학을 보내며 습관이 다시 원래대로 돌아간 모습을 보면 허탈함을 느낄 때가 있습니다. 방학 동안 생활 습관이 무너지는 아이들의 대부분은 부모님이 충분히 신경을 쓰기 어려운 가정환경에 있거나, 스스로 자기관리를 할 능력이 충분히 발달하지 않은 경우가 많습니다. 그 결과 주로 게임, TV, 유튜브, SNS 등에 많은 시간을 쏟으며 습관이 흐트러지곤 합니다.

이러한 현상을 방지하고자 4년 전부터 저는 아이들에게 방학 때도 데일리 리포트를 쓰도록 했습니다. 아이들의 동기부여 유지를 위해 저 또한 매일 데일리 리포트를 쓰고, 아이들의 데일리 리포트에도 일일이 맞춤형 코멘트를 달아 주었습니다. 공부 습관 유지를 위해 반 아이들과 매일 정해진 시간에 줌을 통해 온라인 자습 스터디를 하기도 했습니다. 데일리 리포트를 활용하면 방학 때에도 반 아이들의 보이지 않는 시간을 파악하고 지도할 수 있습니다.

한편, 아이가 학교 안에 있어도 모든 시간 동안 담임 선생님이 한 명의 아이에게만 집중하는 것은 현실적으로 불가능합니다. 쉬는 시간, 전담 시간, 회의 시간, 다른 아이를 살펴보고 있는 시간 등 교사의 관심이 미치지 못하는 시간이 상당히 있습니다. 또, 아이를 보고는 있지만 아이가 무슨 생각을 하는지는 추측만 할 뿐 정확히 알 수는 없습니다. 따라서 저는 학교에서의 시간 또한 되도록 데일리 리포트에 자세히 기록하도록 합니다. 때때로 특별한 상황이 있는 경우에는 한 일뿐만 아니라 일기처럼 감정이나 느낌도 기록하도록 합니다.

일차적인 목적은 아이가 구체적으로 자신의 하루를 기록함으로써 시간 감각과 메타인지 능력을 높이고 스스로 인지하지 못한 시간을 찾아낼 수 있도록 하는 것입니다. 데일리 리포트를 통해 아이들은 쉬는 시간, 점심시간 등의 자투리 시간, 수업 중 멍때리며 집중 안 하는 시간, 과제를 빨리 끝내고 딴짓하는 시간 등을 찾고 생각보다 자신이 허비하는 시간이 많다는 것을 스스로 깨닫게 되죠.

이차적인 목적은 교사의 눈에 보이지 않는 아이의 시간을 가시화하고 맞춤형 피드백을 주기 위해서입니다. 학습 능력과 인지 능력을 어느 정도 갖춘 학생들은 대부분 데일리 리포트를 쓰며 셀프 피드백을 통해 자기관리 전략을 세우거나 행동 수정이 가능하지만,

그렇지 못한 학생들은 교사의 도움이 반드시 필요합니다. 이런 경우 저는 아이가 데일리 리포트에 쓴 기록을 바탕으로 아이와 함께 하루 흐름을 점검하며 개선할 점들을 찾습니다.

아이들의 데일리 리포트를 바라보면 시간은 정말로 연결되어 있다는 것을 확실히 느낍니다. 학교에서 모범적인 모습을 보이는 아이는 하교 후에도 모범적인 생활을 합니다. 학교에서 태도가 좋지 않고 시간을 낭비하는 학생은 하교 후에도 어김없이 시간을 낭비하는 모습을 보입니다. 당장 눈에 보이지만 않을 뿐, 아이들의 행동과 패턴은 매번 비슷한 방식으로 반복됩니다. 이때 교사와 학부모의 역할은 아이들의 안 좋은 패턴이 반복되는 보이지 않는 시간을 데일리 리포트를 통해 보이게 만듦으로써 아이가 스스로 근본적인 문제점을 인지하고 해결하는 능력을 키우도록 돕는 것입니다. 또한 아이의 하루를 면밀하게 분석하고 그 아이에게 맞는 맞춤형 피드백을 제공하는 것이 필요합니다.

── 학생, 교사, 학부모 간의 소통 창구가 된다

저희 반 아이들은 데일리 리포트에 자신이 하루 동안 한 일과 반성을 기록할 뿐만 아니라, 일기처럼 그날의 느낌이나 감정, 생각 등을 쓰기도 합니다. 매일 피드백을 주다 보니, 아이들이 데일리 리포트를 선생님과의 소통 창구로 이용하는 경우도 많습니다. 데일리 리포트를 통해 고민 상담이 필요하다고 요청하거나, 아니면 평소에 갖고 있던 고민을 직접 써 놓는 아이들도 있습니다.

아이들은 기본적으로 선생님과 대화하는 것을 좋아합니다. 어떻게 하면 다툰 친구와 화해할 수 있을지, 학습 효율을 높이는 방법은 무엇인지, 잠을 일찍 자려면 어떻게 해야 하는지 등 다양한 부분에서 선생님에게 조언을 구합니다. 아이들에게 매일 피드백을 주고, 아이들의 고민을 들어주는 등의 과정들이 반복되면서 자연스럽게 교사와 학생 간에는 친밀감이 쌓이게 됩니다. 이렇게 형성된 친밀한 관계는 향후 학급을 원활하게 이끌어 가거나 아이들을 지도할 때 엄청난 효과를 발휘하죠.

가정에서도 아이들과의 소통 창구로 데일리 리포트를 활용할 수 있습니다. 초등학교 3~4학년 아이들 같은 경우는 저녁에 부모님과 함께 하루를 함께 되돌아보며 학교에서 무슨 일이 있었는지, 하루 동안 잘한 점과 못한 점 그리고 개선할 점이 있다면 무엇인지 살펴볼 수 있습니다.

이때 아이에게 칭찬과 함께 적절한 조언을 해 준다면 아이의 습관을 바로 잡을 수 있을 뿐만 아니라 아이와의 관계도 돈독해질 수 있습니다. 다만 고학년의 경우에는 사춘기에 접어들면서 학부모님이 동의 없이 데일리 리포트를 확인하면 아이들이 오히려 감시받거나 간섭받는다고 느낄 수 있으므로 신중하게 접근할 필요가 있습니다. 아이에게 데일리 리포트를 쓰는 이유와 부모님과의 소통 창구로서 갖는 기능을 잘 설명해서 이해시키고 함께 규칙을 정한다면 부모와 자녀 간에 유익한 대화의 장을 열어 줄 것입니다.

저희 반의 경우에는 2~3주에 한 번씩 부모님께 데일리 리포트 피드백을 받아 오는 숙제를 내 주는데요. 이를 통해 아이들은 자연스럽게 부모님과 소통할 수 있습니다. 평소 아이가 민감하게 여길 수 있는 공부나 생활 습관에 대한 이야기들도 숙제를 매개로 자연스럽게 대화할 수 있게 됩니다. 교사 입장에서도 이 숙제를 통해 부모님과 아이의 관계를 파악할 수 있고, 부모님의 의견도 들을 수 있습니다.

저의 경우 학부모님과 상담을 할 때 적극적으로 데일리 리포트를 활용하는데요, 한 달 정도 매일 아이들의 데일리 리포트를 검사하다 보면 학급에 있는 모든 아이의 하루가 제 머릿속에 자연스럽게 저장이 됩니다. 그래서 학부모 상담을 할 즈음에는 학교를 마치고 언제 무슨 학원을 가는지, 저녁 식사는 언제 하는지, 밤에 평균적으로 몇 시에 자는지, 주말은 주로 어떻게 보내는지, 요즘 아이의 고민은 무엇인지 등 아이의 하루를 선명하게 그릴 수 있습니다. 아이에 대해 잘 알고 있으니, 학부모 상담이 전혀 두렵지 않습니다.

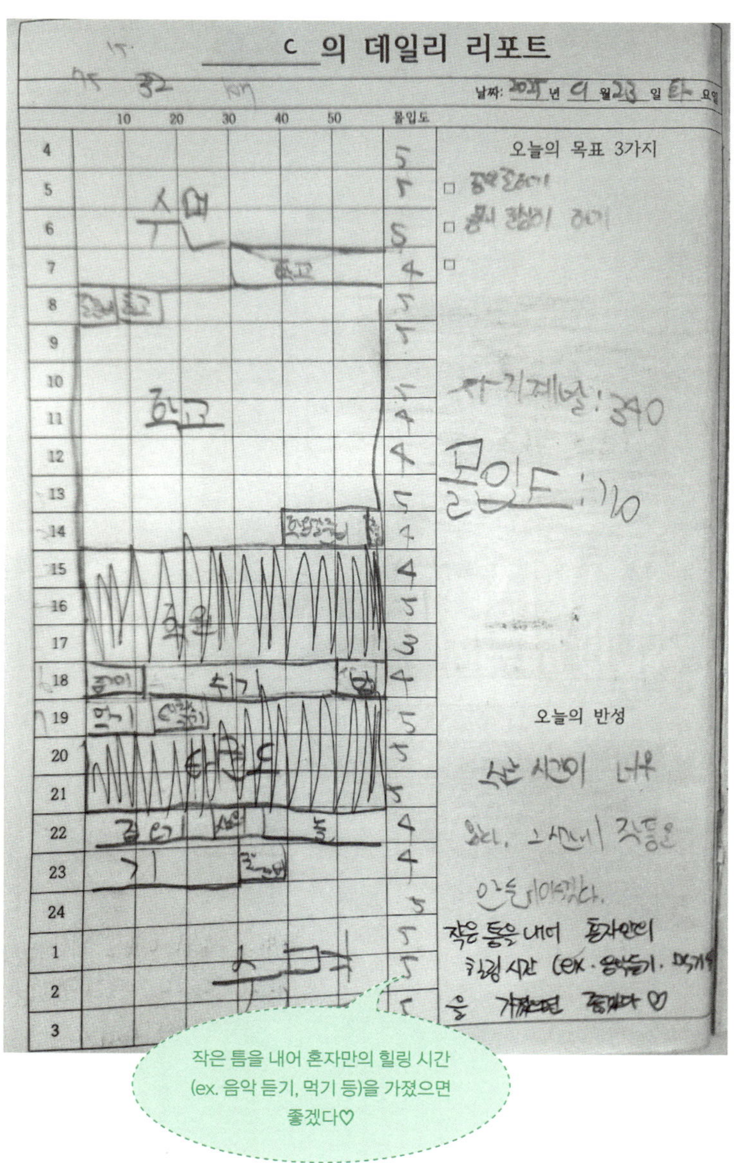
C 의 데일리 리포트
오늘의 목표 3가지
오늘의 반성

작은 틈을 내어 혼자만의 힐링 시간
(ex. 음악 듣기, 먹기 등)을 가졌으면
좋겠다♡

_____ 의 데일리 리포트

날짜: 2025년 9월 30일 화요일

	10	20	30	40	50	몰입도
4						5
5						5
6						5
7					밥	3
8	학교갈 준비					2
9						5
10						5
11						4
12						4
13						4
14				하 최		5
15						4
16						3
17						5
18				집 가는 중		5
19	목			밥		3
20				운 동		5
21			화장실	씻기		4
22			공부			5
23				폰		4
24	잘 준비					2
1			잠			
2						
3						

오늘의 목표 3가지
- □ 책 더 읽기
- □
- □

몰입도 5/12
4/7 3/3 2/2
1/0 합:101

자기계발 시간
6시간 5분

공부와 책 원동을
자기계발을 위해
오늘은 했습니다.
아직 일어나기는
스스로까지 못함!!

스스로 목표를 세우고 매일 학습을
하는 것은 잘하고 있다고 생각합니다.
하지만 글씨는 여전히 개선이 되지
않아 안타깝습니다. 스스로 좋아하는 것을 알고,
필요한 것을 찾아 학습하는 모습은
좋으나, 학습 단계를 좀 높이고 글씨를
천천히 반듯하게 쓰면 좋겠습니다.

"선생님은 저희 아이에 대해서 어떻게 이렇게 잘 알고 계세요?"

상담하다 보면 학부모님께서 깜짝 놀라시는 경우가 많습니다. 부모님보다 제가 아이의 하루를 더 잘 알고 있기 때문이죠. 학기 초에는 선생님을 잘 모르기 때문에 잔뜩 경계심을 가지고 계시던 학부모님도 제가 당신의 자녀에게 관심이 많은 것을 알아보고 안심하십니다. 일종의 신뢰가 생기는 것이죠. 교우 관계, 학업, 생활 습관 등에서 어떻게 하면 아이가 나아질 수 있을지 먼저 조언을 구하시기도 합니다.

"○○이가 요즘에 계속 12시 넘어서 자더라고요. 잠도 6시간 정도밖에 못 자고요. 특히 초등학교 5학년은 키가 많이 클 시기잖아요. ○○이가 일찍 잠자리에 들고 숙면을 할 수 있도록 환경 설정을 잘 해 주셔야 할 거 같아요."

"네, 선생님. 안 그래도 애가 잠을 잘 안 자서 그게 걱정이에요. 어떻게 환경 설정을 하면 좋을까요?"

"○○이 데일리 리포트를 보면 매일 10시 넘어서 2시간 이상씩 스마트폰을 보다가 자더라고요. 스마트폰은 블루라이트 때문에 수면에 도움을 주는 멜라토닌 호르몬 분비가 억제되어서 수면에 방해가 되거든요. 잠자기 2~3시간 전부터는 웬만하면 휴대폰을 못 쓰도록 하는 게 좋아요. 제가 ○○이랑 상담을 했는데 ○○이도 이 문제에 대해서 심각성을 느끼고 있더라고요. 아이와 어머님이 함께 스마트폰 사용 규칙을 정하면 좋겠습니다.”

이렇게 저는 한 달 이상 쌓인 아이들의 데이터를 통해 학부모님께 맞춤형 피드백을 드립니다. 아이가 근본적으로 변하기 위해서는 학교뿐만 아니라 가정의 도움이 꼭 필요합니다. 아이의 하루를 담은 데일리 리포트와 교사의 세심한 맞춤형 피드백은 가정에 도움을 요청하기에 최적의 도구입니다.

2장

데일리 리포트 시스템 시작하기

임호쌤의
데일리 리포트 운영 기록

2018년은 제 인생 최악의 시기였습니다. 당시 군대에서 막 전역한 저는 만성적인 무기력과 불안증에 시달리고 있었습니다. 처음에는 아주 작은 부정적인 생각에서 시작되었습니다. 하지만 부정적인 생각과 감정은 꼬리에 꼬리를 물면서 걷잡을 수 없이 커졌고, 나중에는 제가 감당을 할 수 없을 정도가 되었습니다.

부정적인 생각들이 저를 잠식하자, 곧 그 영향이 현실로 나타나기 시작했습니다. 군대를 전역하자마자 복직한 학교에서의 제 이미지는 최악이었습니다. 아이들에게는 매일 지각하고 수업에 열정이 없고 학생 지도도 못 하는 무기력한 선생님이었고, 주변 선생님들에게는 업무 능력이 없고 사회성이 떨어지는 동료 교사였습니다. 한때는 아이들과 선배 교사들에게 사랑받던 저는 순식간에 학교의 아웃사이더가 되었습니다. 그렇게 1년이란 세월을 허비했습니다.

그 사이 학급은 엉망이 되었습니다. 담임 선생님의 상태가 안 좋으니, 반 아이들의 상태도 안 좋을 수밖에요. 저희 반에서는 매일 갈등이 끊이질 않았고, 저녁에는 학부모님들의 항의 전화가 걸려왔습니다. 저에 대한 아이들과 학부모님들의 신뢰는 바닥이 되었습니다. 동료 선생님들 또한 저를 노골적으로 피했습니다.

그렇게 최악의 1년을 보내고, 어느 날 혼자 자취방 안에서 생각했습니다.

'어쩌다가 이렇게 되었을까? 왜 나는 나 자신을 이렇게 괴롭히고 있는 걸까?'

문득 제 자신이 너무나 안쓰럽고 불쌍하게 느껴지기 시작했습니다. 충분히 벗어나거나 헤쳐 나갈 수 있었던 상황들을 왜 그렇게 오랫동안 방치했을까, 생각할수록 제 자신에게 너무나 미안한 마음이 들었습니다. 한참을 울다가 다짐했습니다. 앞으로 자신을 위해서 변하기로요.

긍정적인 변화와 성장을 위해 하루에 이것만은 꼭 해야 한다고 많은 자기 계발 유튜브와 서적에서 강조하던 것이 딱 세 가지 있었습니다. 바로 하루 2시간 이상의 독서, 1시간 이상의 운동, 8시간 이상의 수면이었는데요, 다른 건 못해도 이 세 가지만은 지키자는 생각으로 매일 실천을 해 나갔습니다.

　하지만 나쁜 습관이란 습관은 다 가지고 있던 저로서는 그조차 감당하기가 버거웠습니다. 독서 근력이 없었던 저는 하루 1시간의 독서도 힘들었고, 이미 패턴이 망가져 양질의 수면을 취하기가 매우 어려웠습니다. 무엇보다 '과연 내가 변할 수 있을까?' 하는 자기 의심이 끊임없이 고개를 들어 좋은 행동을 유지하는 것이 매우 힘들었습니다.

　이때 저에게 큰 도움을 준 도구가 바로 데일리 리포트였습니다. 우선 데일리 리포트는 이미 한 일을 1시간 단위로 기록하는 것이기 때문에 제 하루를 파악하기가 쉬웠습니다. 또한 시간별로 집중도도 기록하기에 제가 어느 시간대에 취약한지도 분석하기 좋았습니다. 매일 잠들기 전 반성을 하면서 하루에 1%만 나아지자는 생각으로 조금씩 행동 수정을 해 나가기 시작했습니다.

　데일리 리포트를 쓴 지 1달이 지나자 정말 많은 것들이 달라졌습니다. 특히 처음 목표했던 운동, 독서, 수면 습관이 매우 좋아졌습니다. 첫날 데일리 리포트를 써 보고 무리하게 습관을 한 번에 바꾸려고 하기보다는 적은 시간부터 시작해서 조금씩 시간을 늘려 보자는 판단이 주효한 덕분이었습니다. 그 결과, 불과 한 달 만에 저는 처음에 목표했던 하루 2시간 이상의 독서, 1시간 이상 운동, 8시간 이상의 수면을 일주일 이상 달성할 수 있었습니다.

데일리 리포트를 쓰기 시작한 지 두 달째였던 2019년 3월, 학교 개학일이 다가왔습니다. 당시 저는 이전 해에 담당했던 4학년 아이들에게 지은 잘못을 만회하기 위해 함께 5학년 담임으로 올라가는 선택을 했습니다. 개학 날, 제 앞에는 작년에 저희 반이었던 아이들도 있었습니다. 저는 이전과 다르게 열정적이고 따뜻한 눈빛으로 반 아이들을 찬찬히 둘러보면서 말했습니다.

"애들아, 솔직하게 얘기할게. 작년에 선생님이 매일같이 학교에 지각하고 교실에 신경도 많이 안 쓰고 항상 무기력했던 거 너희들도 알 거야, 맞지?"

아이들은 '이게 무슨 상황이지?' 하는 떨떠름한 표정으로 고개를 끄덕였습니다.

"지금부터 선생님이 너희 앞에서 약속할게. 앞으로 지각하는 일은 없을 거야. 그리고 작년에 너희한테 못 해 준 만큼 올 한 해 최선을 다해서 너희들을 가르칠 거라고 약속할게. 진짜 너희들에게 부끄럽지 않은 선생님이 될 수 있도록 노력할게."

지난 1년 동안 정말 못난 선생님이었음에도 불구하고 아이들은 제게 응원의 박수를 보냈습니다. 그리고 그날 이후 저는 아이들의

5. 14 (화)

내일 할 일   42.

① 영양제, 루이보스티 국 챙겨먹기.
② 피부관리 (마스크 + 팩)
③ 위에 셔츠 씨기.
④ 금요일 애들 줄 것들 다 준비해놓기
⑤ 일기, 독서 검사
⑥ 독서 20페이지도 하기.   10시 45분에는 침대에 눕자!

4	수면	3
5 집중력 외적력 Good!	수영	7
3	왕좌의 게임 살짝, 학교준비	8
5	방송실 들림, 수업준비	9
5	업무, 수업준비	10
5	수업 및 업무	12
5	중간에 낮잠	13
5	점심시간 / 학부모 상담	14
4	블로그 작성, 계획, 독서·영상 보기	15
3	보컬연습, 바이올린 연습	17
5	꽃삼 마신연속~	19
3	영상연수	21
1	여친님 마니해줘요~	23
3	왕좌의 게임	24

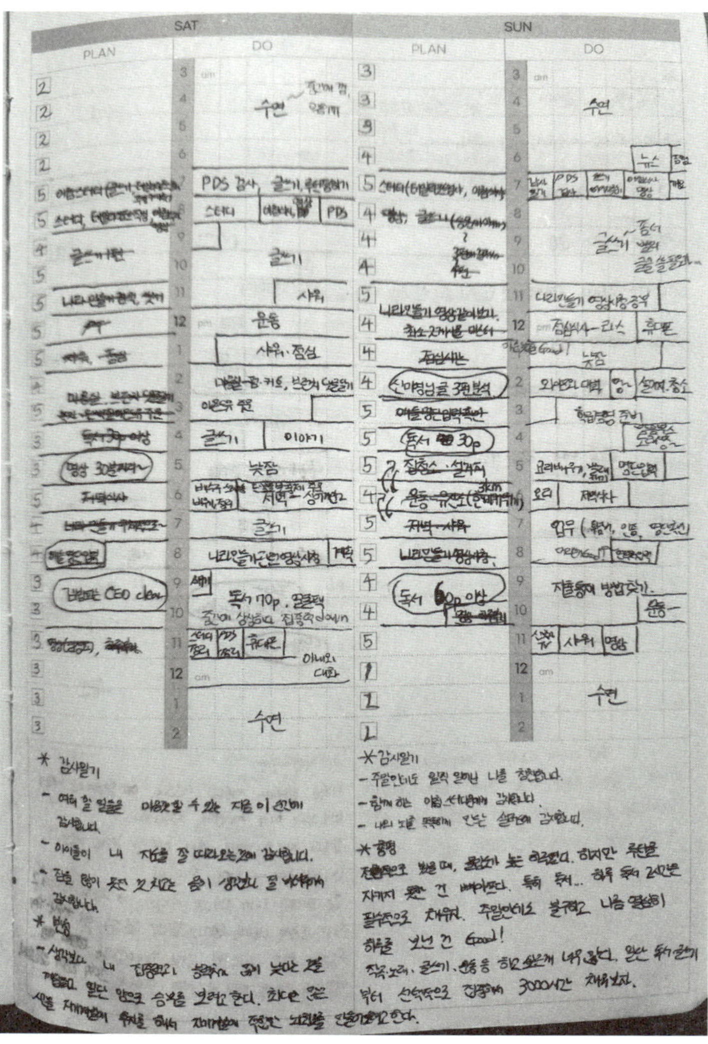

임호쌤의 데일리 리포트

날짜: 2025년 7월 2일 수요일

시간	10	20	30	40	50	몰입도
4	수면					4
5						4
6		힐링	(유튜브)			4
7	샤워·나갈준비	아침식사		출근·주유		5
8	노래연습	업무 및 수업준비				↓
9		독서		휴식		4
10	수업	생기부 점검	휴식	MS계정 해결		5
11	수업					
12		점심식사				↓
13	연필	수업				4
14		합주 세팅 및 녹음				4
15						5
16	업무					3
17		AI 연수 듣기 (토익자료)				↓
18						
19	휴식	미윤				4
20	휴식 (TV)					2
21	배드민턴					5
22	샤워	스트레칭				4
23						
24	수면					
1						
2						
3						↓

오늘의 목표 3가지
- ☑ 합주부 공연 촬영
- ☑ AI 연수
- ☑ 배드민턴 레슨

○ 자기계발시간 : 5시간 10분
○ 몰입도
  3 : 3 4 : 13 5 : 7
  2 9   52   35

(98점)

감사일기
- 배드민턴 코치님이 잘 가르쳐주셔서 감사.
- 우리 반 아이들이 말을 잘 들어 줘서 감사.
- 오늘 집중도가 꽤 좋았음에 감사.

오늘의 반성

밤에 운동을 하면 각성이 되어서 잠이 잘 안 옴 → 온수로 샤워 + 플러스 스트레칭 항상 병행!

중간중간 순수한 휴식 취하면서 애써 관리한 건 Good!

보상으로 TV 선택한 건 Bad~ 차라리 비교 배드민턴 치러가는게 더 나았다.

응원과 데일리 리포트의 힘으로 급속도로 바뀌어 갔습니다.

운동, 독서, 명상, 양질의 수면 등 작은 행동들을 꾸준하게 실천해서 얻게 된 자신감으로 새로운 도전도 하기 시작했습니다. 교원 뮤지컬 동호회에 가입해서 1,000명이 넘는 관객들 앞에서 공연해 보기도 하고, 기타 동호회에 가입해서 버스킹을 하기도 했습니다. 매번 생각만 하고 실천에는 옮기지 않았던 독서 모임에도 나갔습니다.

학교 안에서도 여러 가지 새로운 도전을 했는데요. 영상 편집 연수를 들은 후 저희 반 아이들과 함께 도 교육청 영상 대회에 나가 금상을 받고, 아이들의 요청으로 유튜브 채널을 운영하기도 했습니다. 그 밖에 학생들을 대상으로 한 교내 하모니카 동아리와 독서 토론 동아리, 선생님들을 대상으로 한 기타 동아리를 운영하기도 했습니다. 이 모든 것들은 불과 8개월 정도 만에 이룬 변화였습니다.

갑작스러운 선생님의 변화를 보고 저희 반 아이들은 저의 열렬한 팬이 되었습니다. 대부분의 학부모님께서 상담을 오시면 당신의 자녀가 선생님의 광신도라고 말씀하실 정도였습니다. 제가 하는 모든 말을 공책에 기록하는 아이들이 있을 정도로 아이들은 저를 따랐습니다.

자연스럽게 아이들은 제가 매일 쓰는 데일리 리포트에도 관심을 가지기 시작했습니다. 선생님이 보물처럼 매일 끼고 다니던 이상한 노트가 궁금했던 것이죠. 문득 저희 반 아이들에게 데일리 리포트 작성법을 알려 주면 어떨까 생각해 보았습니다. 저에게 효과가 있었듯이 아이들에게도 분명 좋은 영향을 줄 수 있을 것 같았습니다. 마침 아이들도 긍정적인 반응을 보였습니다.

사실 아이들에게 적용하는 초기만 해도 걱정을 많이 했습니다. 어른조차 매일 꾸준하게 작성하기 힘들어하는 데일리 리포트를 과연 아이들이 매일 작성할 수 있을까 우려가 되었기 때문이죠. 하지만 의외로 아이들은 데일리 리포트 쓰는 것을 좋아했습니다. 여자아이들은 다이어리를 꾸미는 느낌이 들어서 좋아했고, 남자아이들은 일기나 독서록 쓰기보다 더 간단한 느낌이 들어서 좋다고 했습니다.

데일리 리포트를 작성한 지 2~3주가 지난 뒤부터 아이들의 변화가 체감되었습니다. 아이들의 시간 관리 능력, 계획 세우는 능력, 메타인지 능력 등이 향상된 것이 확 느껴졌습니다. 무엇보다 시간 관리에 수동적이었던 아이들이 자신의 24시간이 어떻게 흘러가는지를 알게 된 이후부터는 주도적으로 자신의 하루를 설계해 나가기 시작한 것이 가장 큰 변화였습니다.

또한 예상치 못한 수확도 거두게 되었습니다. 아이들에게 데일리 리포트 작성을 시킬 당시만 해도 아이들의 시간 관리 능력, 메타인지 능력 등 아이들의 능력만 키워 줄 생각을 했는데, 의외로 데일리 리포트는 다른 방면에서도 활용도가 높았습니다. 아이들의 데일리 리포트를 읽고 평소 아이들의 하루 생활 패턴과 생각, 평소 고민들을 알 수 있었고 이를 학생 상담이나 학부모 상담에도 활용할 수 있게 되었습니다.

하루 종일 스마트폰 게임을 하느라 생활 패턴이 무너진 아이의 데일리 리포트 시간 기록 덕분에 상황의 심각성을 느낀 아이와 진지하게 스마트폰 중독에서 벗어나기 위한 상담을 할 수 있었고, 매번 부모님과 싸웠다는 아이의 구체적인 기록 덕분에 이를 바탕으로 학생·학부모 상담을 하며 갈등 원인을 파악하고 해결하기도 했습니다. 아이들의 생활을 잘 알게 되니 아이들과는 좀 더 친밀해졌고, 학부모님들에게는 자녀들에 대해서 매우 잘 알고 있다는 인상을 심어 줌과 동시에 신뢰도도 높일 수 있게 되었습니다.

2020~2021년에는 코로나가 전 세계를 강타했죠. 휴교와 온라인 학습으로 인해 많은 아이의 생활 패턴이 무너졌습니다. 특히 부모님이 맞벌이를 하거나 평소 집에서 세심한 돌봄을 받지 못하는 학생들에게는 상당한 학습 결손이 나타났습니다.

당시 6학년 담임을 맡은 저는 3월이 시작되자마자 반 아이들을 학급 밴드에 가입시키고, 실시간 라이브 영상으로 데일리 리포트를 쓰는 방법을 알려 주었습니다. 아이들에게 매일 데일리 리포트를 쓰게 하고, 학급 밴드에 사진을 올리면 피드백을 달아 주었습니다. 아이들의 데일리 리포트 내용을 보고 예상보다 아이들의 생활 패턴이 많이 망가졌다는 것을 깨닫고는 원래라면 아이들이 학교에서 생활했을 시간에 온라인 줌에서 하루 5시간 이상, 주말을 포함해서 매일 함께 공부를 하기도 했습니다.

　데일리 리포트 상에서 유난히 생활 패턴이 무너진 아이들 대상으로는 학생 개별 상담이나 학부모 상담을 진행했습니다. 아이들 또한 매일 기록을 통해 자신의 상태를 점검하고 피드백을 받으며 개선을 위해 노력했습니다. 덕분에 1년의 절반이 온라인 수업이었던 코로나 시기에도 저희 반 아이들은 코로나 이전과 비슷한 수준 혹은 그 이상의 생활 및 학습 습관을 유지할 수 있었습니다.

　2021년은 제가 담임이 아닌 체육전담을 맡은 해였습니다. 아이들과 함께 성장하고 싶었던 저는 '66일 습관 만들기'라는 프로젝트를 만들어 함께할 이전 제자들을 모집했고 교직 1~3년 차에 가르쳤던 제자, 교내 동아리 제자, 옆 반 제자 등 약 15명의 학생과 데일리 리포트 인증하기와 줌 스터디를 진행했습니다. 얼마 전 이 학생들 중 한 명과 연락을 했는데, 그 학생은 4년이 지난 지금까지도 데일리 리포트를 꾸준하게 쓰고 있었습니다. 그 아이의 말에 따르면 성장과 변화를 위한 도구로는 데일리 리포트만한 것이 없다고 합니다.

　2023~2024년은 새로운 도전으로 중국 재외한국학교에 초빙 교

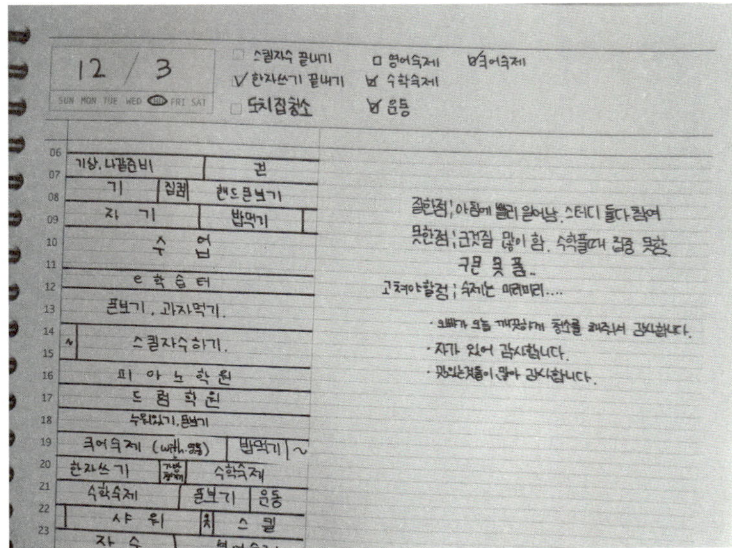

사로 근무했던 시기입니다. 제가 근무했던 학교는 대련이라는 아름다운 항구 도시에 있는 작은 학교였습니다. 초중고를 모두 합쳐서 12학급이 있었습니다. 담임을 맡았던 대련한국국제학교의 5학년 아이들은 그동안 제가 가르쳤던 그 어떤 아이들보다 순수하고 착했으나, 문제는 학습 습관이 제대로 형성되어 있지 않다는 것이었습니다.

반 학생들의 대부분이 학교 수업을 제외하고 하루 순수 공부량이 1시간도 되지 않았습니다. 학원에 다니는 아이들도 거의 없었습니다. 게다가 비교군이 반 친구들밖에 없다는 것도 문제였습니다. 아이들은 주변 친구들 대부분이 공부하지 않으니 공부를 안 하는 것이 당연하다는 생각을 가지고 있었습니다. 반에서 공부를 제일 잘한다는 아이조차 하루에 1시간 정도밖에 공부하지 않았으니 말 다했죠.

이에 대한 해결책으로 저는 2가지 방법을 아이들에게 제시했습니다. 첫 번째는 아이들에게 데일리 리포트 쓰는 방법을 알려 주고 매일 데일리 리포트를 쓰게 하는 것이었습니다. 그리고 작성한 데일리 리포트를 제가 이전에 가르쳤던 한국의 아이들이 작성한 데일리 리포트와 비교하게 했습니다. 한국에 거주하는 아이들 대부분의 하루 공부 시간이 적어도 3시간 이상 된다는 걸 확인하고 깜짝 놀란 저희 반 아이들은 그때부터 공부에 관심을 가지기 시작했습니다.

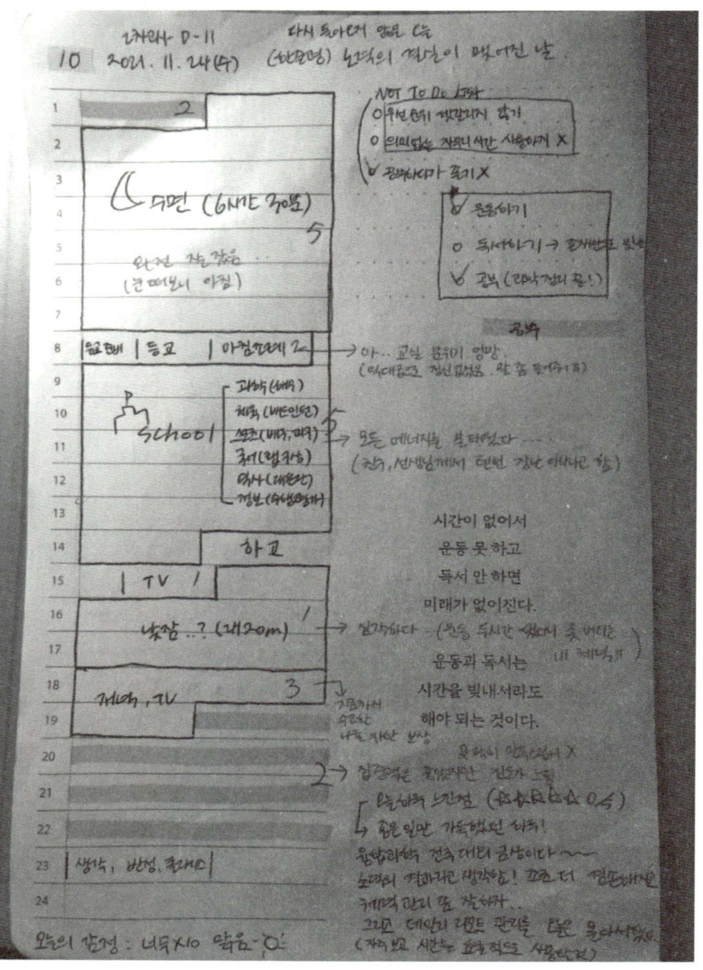

2023. 3. 8 WED
NO
ZERO
DAY
+17
느낀 점
오늘부터 성공 기준을
공부시간 8시간으로 바꿨더니
공부량이 훨씬 늘었다!! 좋아 ♡
성공
Coding: 8h 20m

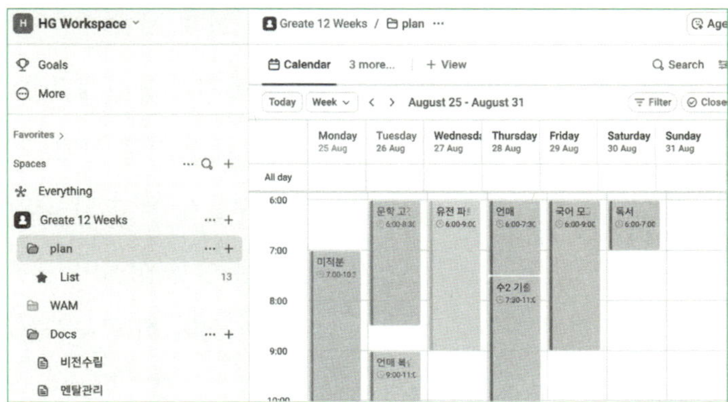
HG Workspace
Goals
More
Favorites
Spaces
Everything
Greate 12 Weeks
plan
List
WAM
Docs
비전수립
멘탈관리
Greate 12 Weeks / plan
Calendar   3 more...   + View
Today   Week   August 25 - August 31
Monday
25 Aug
Tuesday
26 Aug
Wednesda
27 Aug
Thursday
28 Aug
Friday
29 Aug
Saturday
30 Aug
Sunday
31 Aug
All day
미적분
문학 고
유전 파
언매
국어 모
독서
수2 기출
언매 복

　두 번째로는 매일 데일리 리포트를 작성할 때 자기 계발한 시간을 색칠하고 총 몇 분 동안 자기 계발을 했는지 계산하도록 했습니다. 그리고 계산한 시간은 엑셀 공유 파일에 기입하도록 했습니다. 그리고 한 달 동안 자기 계발 시간이 가장 많은 상위 5명에게는 선생님과 주말에 놀러 갈 수 있는 보상을 줬습니다. 주말에 선생님과 놀 수 있다는 강력한 외적 보상으로 인해 아이들은 미친 듯이 공부를 하기 시작했습니다. 시험을 쳐서 성적으로 경쟁을 하는 것이 아니라 누구에게나 똑같이 주어진 시간만으로 경쟁하는 것이기 때문에 반의 모든 아이가 적극적으로 참여했습니다.

　일주일 정도가 지나고부터는 아이들 간에 서로 경쟁이 붙기 시작했습니다. 매일 아침저녁에 온라인에서 같이 공부를 하는 스터디가 자발적으로 생기기도 했습니다. 이렇게 반년을 운영한 결과 저희 반 아이들의 공부량은 이전에 비해 적어도 4배 정도 늘었습니다. 처음에는 선생님과 주말에 놀 수 있다는 외적 동기로 시작했지만, 자연스럽게 공부 습관이 형성되고 꾸준하게 성적이 오르는 성취를 맛보고 나서는 발전해야겠다는 내적 동기가 충만해졌습니다.

　담임을 맡은 2년 동안 아이들은 내적, 외적 동기로 인해 자기 계발을 열심히 하게 되었고, 열심히 하는 친구들을 보고 자극받아 더 열심히 하게 되고, 꾸준하게 공부한 덕분에 좋은 성적이라는 보상을 얻게 되고, 성취의 기쁨을 맛보기 위해 더 열심히 공부하는 성장의 선순환을 만들어 갔습니다.

　이렇게 저는 2019년부터 수년째 반 아이들과 데일리 리포트를 꾸준하게 써 왔는데요, 한국에 돌아온 지금도 반 아이들과 함께 데일리 리포트 기록을 하고 있습니다. 저희 반 학생들 중 80% 이상이 쓴 지 2주도 되지 않아 매우 큰 변화가 느껴진다고 할 정도로 데일리 리포트는 강력한 효과를 자랑하는 기록법입니다.

데일리 리포트의 기본 구성과 작성법

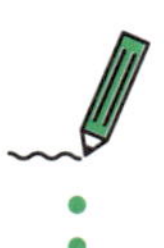

지난 몇 년 동안 아이들과 함께 여러 시행착오를 겪고, 이를 바탕으로 제가 직접 만든 데일리 리포트의 기본 구성은 다음과 같습니다.

데일리 리포트는 계획하기(Plan), 실행하기(Do), 반성하기(Reflect), 이렇게 총 3단계로 진행됩니다. 먼저 계획하기 단계부터 차례대로 알아보도록 하겠습니다.

계획하기(Plan)

계획하기 단계에서는 오늘 꼭 해야 할 목표 2~3가지에 우선순위를 매기고 기록합니다. 우리 뇌에서는 단순히 목표를 세우는 것만으로

____________의 데일리 리포트

날짜: ______년 ______월 _____일 _____요일

| | 10 | 20 | 30 | 40 | 50 | 몰입도 |

시간		몰입도	
4			오늘의 목표 3가지
5			
6			
7			
8			
9			**Plan**
10			
11			
12		**Do**	
13			
14			오늘의 반성
15			
16			
17			
18			
19			**Reflect**
20			
1			
2			
3			

도 동기부여 호르몬인 도파민이 분비된다고 합니다. 오늘 하루 목표를 정하는 행위 자체만으로 성장을 위한 행동력을 확보할 수 있는 것이죠. **이때, 목표는 명확하고 구체적일수록 좋습니다.** 예를 들어 단순히 '수학 공부하기'가 아닌, '5학년 1학기 수학 문제집 2단원 34~36p 풀기'처럼 구체적이어야 목표 달성 여부도 쉽게 확인할 수 있고, 추후에 집중도를 비교할 때도 용이합니다. 또한, 목표는 가능하면 3가지 이내로 정하는 게 좋습니다. 우리 뇌는 복잡한 것을 싫어하고 멀티태스킹에 약하기 때문에 목표가 많아질수록 에너지가 분산되어 목표 달성률이 크게 떨어질 수 있기 때문입니다.

만약 하루 만에 달성하기 힘든 목표가 있다면 실행할 수 있도록 **목표를 잘게 나누는 것도 중요합니다.** 목표가 너무 거창하거나 이루기 힘들면 동기부여 호르몬인 도파민이 잘 분비되지 않아 즉시 행동하기가 어렵습니다. 예를 들어, A라는 학생이 일주일 뒤에 있는 수학단원평가에서 100점 맞기를 목표로 삼았다면, 100점을 맞기 위해 해야 할 일들을 하루 단위로 나누어서 배치하는 것이 좋겠죠. (ex. 월: 수학 문제집 10p 풀기, 화: 수학 문제집 10p 풀기, 수: 수학 문제집 10p 풀기, 목: 학교에서 배운 내용 복습하기, 금: 오답 노트 작성하기, 토: 예상 단원 평가 문제 풀어 보기, 일: 지금까지 공부한 내용 복습하기)

목표를 정할 때는 구체적으로 잘게 나누는 것만큼 우선순위를 정하는 것 또한 중요합니다. 우리의 뇌는 편한 것을 좋아하기에, 할 일의 우선순위를 정하지 않으면 가장 에너지가 덜 들고 익숙한 일들부터 처리하게 되어 있습니다. 하지만 우리에게 정말 중요한 일들은 대부분 머리를 써야 하고 불편한 일들이죠. 목표의 우선순위를 정하지 않으면, 정작 중요한 일은 제쳐두고 중요하지 않은 일에 시간을 낭비하게 될 가능성이 커집니다. 그래서 저희 반의 데일리 리포트에서는 가장 중요한 일을 맨 위에 적도록 지도하고 있습니다.

시중에 나와 있는 어른용 데일리 리포트에서는 0~24시까지 시간대별 계획을 기록할 수 있는 칸이 따로 마련되어 있습니다. 하지만 초등학생들의 경우 학교와 학원 같은 고정된 시간을 제외하면 평일에 실제로 계획을 실행할 수 있는 여유 시간이 많지 않고, 계획하기 칸을 따로 추가했을 때 오히려 아이들에게 복잡함과 혼선만 줄 수도 있기에 저는 과감하게 그 항목을 삭제했습니다. 대신 아이들에게 하루에 학교 수업과 학원을 제외한 가용 시간을 먼저 계산해 보도록 하고, 그 시간 안에서 목표를 세우도록 지도했습니다.

—— 실행하기(Do)

실행하기 단계에서는 계획하기 단계에서 세운 계획에 따라 열심히 하루를 보냅니다. 이때 매시간 혹은 할 일이 끝날 때마다 내가 한 일을 데일리 리포트에 기록하고 매시간마다 1~5점 사이의 점수로 나의 집중도를 평가합니다. 이때 1점은 평소보다 매우 집중을 못한 상태, 3점은 평소와 비슷, 5점은 매우 집중한 상태로 점수가 높을수록 집중도가 좋았음을 의미합니다.

저는 아이들에게 한 일을 최대한 구체적으로 적고 시간도 오차 범위 ±5분으로 정확하게 기록할 것을 요구합니다. 초등학생 아이들 중에는 시간 감각이 떨어지는 아이들이 많습니다. 학교 수업이 몇 시에 시작되어서 몇 시 몇 분에 끝나는지, 하루에 나의 공부 시간은 어느 정도이고 노는 시간은 어느 정도인지, 내 하루 수면 시간은 얼마나 되는지, 오늘 하루에 나는 무슨 일을 했는지에 대한 시간 감각과 행동 주체성이 아예 없는 아이들도 있습니다. 매일 같이 선생님이나 부모님들이 시키는 것만 하고 쉴 때는 멍하니 스마트폰만 보거나 게임만 하는 등 수동적이고 무의식적인 생활을 한 이유가 크죠.

하지만 데일리 리포트를 최대한 구체적으로 몇 번 쓰다 보면 아이가 확 달라집니다. 시간 감각이 생겨 시간을 좀 더 소중히 여기게 되고 자투리 시간도 활용하게 되죠. 어제 무슨 일을 했는지 물어보면 대답도 잘합니다. 이미 한 번 데일리 리포트를 통해 자신의 하루를 되돌아봤기 때문이죠.

저희 반 같은 경우 하루 동안 한 일을 기록하고 집중도 점수를 매길 뿐만 아니라 하루 중 자기 계발에 투자한 시간도 측정하게끔 했습니다. 자기 계발의 범위는 학교 수업을 제외한 학원, 운동, 독서, 음악, 글쓰기, 명상, 숙제, 자습 등을 포함합니다. 즉, 자기 계발 시간은 나의 성장을 위해 노력한 시간인 것이죠. 자기 계발을 한 시간에는 빗금을 그어 표시하도록 했습니다. 그리고 빗금 친 부분들의 시간을 전부 더해 하루 자기 계발 시간을 계산하도록 했습니다.

또한, 하루 동안의 집중도 점수도 합산하도록 했는데요, 만점을 120점(24시간×5점)이라고 하고 24시간 동안 1점부터 5점까지의 각각의 개수를 세어 점수를 곱해서 전부 더하도록 했습니다. 예를 들어 1점: 0개, 2점: 5개, 3점: 3개, 4점: 5개, 5점: 11개라 가정했을 때, 오늘 하루의 집중도는 0+10+9+20+55=94점입니다.

저는 아이들에게 매일 계산된 자기 계발 시간과 집중도 총점을 각각 반의 구글 스프레드시트에 기록하고 온라인 학급 과제방에 자신이 쓴 데일리 리포트를 올리도록 했습니다. 그 이유는 다음과 같습니다.

첫째, 수치화된 데이터를 통해 현재 나의 상태를 객관적으로 알수 있습니다. 저번 달과 오늘의 자기 계발 시간과 집중도 수치를 비교해 보며 셀프 피드백을 반영해서 그동안 내가 얼마나 나아졌는지 확인할 수 있습니다. 또한 엑셀 파일에 기록되어 있는 친구들의 자기 계발 시간과 반 전체 평균 시간을 보고 친구들에 비해 나의 성

_____F_____의 데일리 리포트

날짜: __25__ 년 __9__ 월 __23__ 일 __화__ 요일

몰입도: 10 20 30 40 50

시간	활동	몰입도
4		5
5	수면	5
6	샤워 / 앰뱅	3
7	머리말리기 / 홈머폰 / TV / 냉겁이	3
8	등교	5
9		
10	학교	
11		
12		
13		
14	학교	5
15	밥 / 편의점	4
16	학원	4
17		4
18	이동 / 학원 숙제	3
19	사회공부	3
20		3
21	독서	5
22	운동	5
23	샤워 / 저녁밥	5
24	정리	
1	수면	
2		
3		

오늘의 목표 3가지

√운동
√수학공부
√독서

자기계발: 8시간 20분

몰입도: 10

5:16
4:3
3:5

오늘의 반성

잘한점: 목표 3가지를 잘 지켰다.
목표에 없던 사회공부도 2시간
했다.

못한점: 아침에 전자 기기
사용을 많이 했다.
다음부터 아침에 특별한게
아니면 사용하지 않아야 겠다.

_______G_______의 데일리 리포트

날짜: 2025년 9월 22일 월요일

	10	20	30	40	50	몰입도	
4		참					5
5			자				5
6				기			5
7		준비		학교등교			4
8							4
9		학교에					5
10			있는				2
11							1
12			시간				1
13							1
14					학원가기		5
15	/	/ 수학 / 학원숙					4
16		친구 하고 놀기?					4
17	놀기	/ 수학 숙제					5
18	/	/ 영어 숙제 /					4
19	밥 먹기		읽기				4
20	운동하기	깨끗 씻기					4
21	머리말리기 /	독서하기					5
22	/	책 써 하기 /					4
23	/	독서하기 /					4
24	/	독서하기					4
1		잠					5
2			자				5
3				기			5

오늘의 목표 3가지

✓ 운동하기
✓ 독서하기
✓ 영,수 숙제 완8

① 몰입도

1점 : 3개 2점 : 1개
4점 : 10개 5점 : 10개

자기개발
6시간 50분

감사일기

친구가 어제 라면사줘서
고마움!!

오늘의 반성 못한 반성

오늘 어제 아침에
일나서 밤에
잠이 안 와서
책을 읽다 잤는데
너무 늦게 잤다.

장을 위해 어느 정도 시간을 쓰고 있는지 확인할 수 있습니다.

둘째, 친구들의 기록을 통해 동기부여를 받을 수 있습니다. 자기 계발 시간과 집중도가 유달리 높은 아이들의 데일리 리포트는 온라인 학급 과제방에서 반 아이들이 꼭 찾아서 봅니다. 도대체 어떻게 하루를 보냈길래 이런 집중도와 자기 계발 시간이 나왔는지 궁금한 것이죠. 그리고 친구의 데일리 리포트를 보고 엄청난 자극을 받습니다. 모두에게 똑같이 주어지는 24시간을 이 친구는 그 누구보다 잘 활용하고 있는 것을 보고 말이죠.

셋째, 자기효능감을 느낄 수 있습니다. 계획하기, 행동하기, 반성하기 과정을 올바르게 거쳐 데일리 리포트를 잘 활용한 학생들은 90퍼센트 이상 자기 계발 시간과 집중도가 늘었습니다. 이렇게 매일 기록하면서 올라가는 수치들을 보면 나도 할 수 있다는 자기효능감을 가질 수 있습니다.

저희 반 같은 경우는 하루 24시간 중 자기 계발 시간의 비중을 늘려 성장하자는 목적을 가지고 있기에 주로 자기 계발 시간을 집중적으로 기록하고 점검했는데요. 자기 계발 시간뿐만 아니라 가족들과 함께 보내는 시간, 나에게 도움이 되지 않는 시간, 휴식 시간 등 여러 항목을 나누어 하루에 내가 어느 항목에 시간을 많이 쓰는지도 확인할 수 있습니다.

＿＿＿의 데일리 리포트

날짜: 2025년 7월 3일 목 요일

시간	10	20	30	40	50	몰입도	메모
4	에	어	컨	키	고	5	자기 오늘의 목표 3가지
5	물	잠				5	깨발 4시간이상 도달
6						5	V 숨쉬기
7	밥	학 교 갈	준	비		3	V 마니마니 놀기
8	놀기	학교	데일리리포트 쓰기		선생님 말씀	3	몰입도 총 합해서
9		수 업			쉬는 시간	3	80 넘기기吗
10		수 업		쉼		3	☑
11		수 업	데일리 리포트	제 육		5	
12			급 식	쉼		5	낭결다ㅏ
13			수 업	쉼		4	빨간색 = 자기개발
14		수 업		학원 가는중		3	파란색 = 쓸데
15		학원				4	없는거
16		학원				2	
17		공부				3	오늘의 자기개발 =
18	공부 공부	공부				3	5시간40분
19	데일리 리포트 쓰기	쉬해	책 보기			5	63 오늘의 반성
20	업 다	업		V		5	엄청 많이 놀아서
21	게임					5	좋다 ㅏㅏㅏㅏ.
22			게임	데일리 리포트		5	오늘 게임 너무
23						5	많이 한것같다
24						5	다음부어 줄
1		물 잠				5	줄이야겠다
2						5	
3						5 — 98	

반성하기 단계는 데일리 리포트에서 가장 중요한 부분이라고 할 수 있습니다. 데일리 리포트의 목적은 우리가 잘하고 있는 부분들과 취약한 부분들을 찾아내어 잘하고 있는 부분들은 더 업그레이드시키고, 취약한 부분들은 보완해서 나의 하루를 어제보다 나은 오늘로 만들어 나가는 것인데요. 이 모든 것들이 반성하기 단계를 통해 이루어집니다.

먼저 반성(反省)의 의미부터 살펴보겠습니다. 반성의 한자를 살펴보면, '돌이킬 반(反)'과 '살필 성(省)'으로 이루어져 있습니다. 즉 과거에 내가 한 행동을 돌이켜 살펴본다는 뜻으로 해석할 수 있습니다. 꼭 잘못한 것을 살펴본다는 것만을 의미하지는 않습니다. 못한 부분들뿐만 아니라 잘한 부분들에 대해서도 살펴보고, 단점은 보완하고 장점은 강화하는 것이 진정한 반성입니다. 그럼 우리 아이들은 어떻게 반성을 하고 있는지 구체적으로 살펴볼까요?

반성하기의 일반적인 단계는 다음 예시와 같이 오늘 잘한 점, 못한 점을 찾고 개선할 점을 생각해 보는 것입니다. 학교나 학원 같은 고정 시간에 집중을 잘했는지, 고정 시간을 제외한 자유 시간을 알차게 잘 보냈는지, 내가 집중력이 취약한 시간대는 언제인지, 잠은 잘 자고 있는지, 자기 계발 시간은 충분한지, 오늘 목표는 달성했는

— I 학생의 반성

· 잘한 점: 자기 계발 시간이 많다. 목표도 달성하고 몰입도도 높다.

· 못한 점: 중간에 휴식이 많이 보인다.

· 개선할 점: 쉬는 시간에 뭘 할지 생각해 봐야겠다. (휴식 시간에 나에게 좀 더 도움이 되는 활동 찾기)

지, 해야 할 일들을 적재적소에 잘 배치했는지 등을 체크하고 만약 개선할 부분이 있다면 개선 방법을 찾습니다.

앞의 예시처럼 총평의 느낌으로 반성을 하는 방법도 있지만, 오늘 자신이 한 일 각각에 대해서 반성하는 방법도 있습니다.

다음 학생의 경우에는 각각의 한 일에 대한 반성뿐만 아니라 감정과 느낌도 함께 서술하고 있는데요. 오늘 하루를 되돌아보고, 특별한 일들에 대해서는 생각, 감정, 느낌을 쓰면서 일기와 같은 효과를 누릴 수도 있습니다.

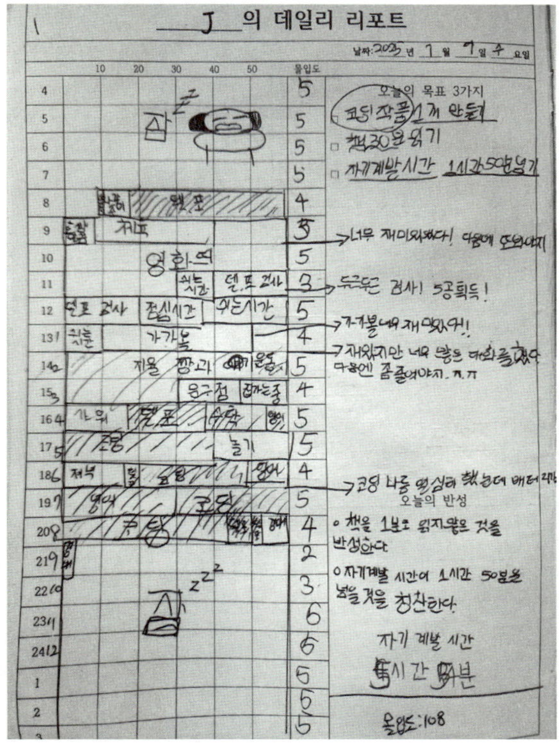

― J 학생의 반성

· 영화 → 너무 재미있었다! 다음에 또 봐야지.

· 데일리 리포트 검사 → 두근두근 검사! 5공 획득!

· 가가볼 → 너무 재미있었다!

· 친구와 운동 → 재미있었지만 너무 많은 대화를 했다. 다음엔 조금 줄여야지.

· 코딩 공부 → 나름 열심히 했다.

· 책을 1분도 읽지 않은 것을 반성한다.

· 자기 계발 시간이 어제보다 1시간 50분이나 많은 것을 칭찬한다.

데일리 리포트의 올바른 활용을 돕는 지도 Tip

데일리 리포트는 나 자신을 객관적으로 바라볼 수 있게 하는 메타인지 능력을 극적으로 높이고, 시간 관리를 효율적으로 할 수 있게 만드는 최고의 성장 도구입니다. 아이는 데일리 리포트를 통해 하루 24시간의 한정된 시간을 자신의 꿈과 목표 혹은 가치관에 맞게 잘 사용하고 있는지 살펴볼 수 있습니다.

또한, 생각보다 무의식적으로 혹은 습관적으로 허비하는 시간이 많다는 것을 깨닫게 되면서 이를 반성하고 개선하기 위해 노력하죠. 그렇게 조금씩 안 좋은 습관들을 바꾸다 보면 어느 순간 스스로 성장했음을 체감하게 됩니다. 하지만 아무리 좋은 도구도 잘못 쓰면 없느니만 못합니다. 아이들의 올바른 데일리 리포트 활용을 돕기 위한 몇 가지 지도 팁들을 알려 드리고자 합니다.

── 정직하게 기록할 수 있도록 돕기

제가 중학교 1학년 때의 일입니다. 당시 저는 한자 학원에 다니면서 2급에 합격하고 1급 자격증 시험을 준비하고 있었는데요, 1급은 2급에 비해 외워야 할 한자가 1,200자나 더 많고 한자 또한 듣도 보도 못한 생소한 것들이 많았습니다.

한자 학원에서 1급 모의고사를 치게 된 어느 날, 저는 할 수 있는 최선을 다해서 문제를 풀었지만 채점을 하면 반도 안 맞을 것 같다는 예감이 들었습니다. 당시 학원에서는 스스로 채점을 하고 기록하는 방식을 썼는데요, 나름 공부를 잘한다는 이미지가 있는 제가 50점도 받지 못했다는 것을 선생님과 학원생들에게 보여 주기에는 너무 부끄러울 것 같아 일부러 점수를 실제보다 10점 정도 높게 적었습니다. 양심의 가책을 느끼긴 했지만, 처음치고는 잘했다는 선생님의 칭찬을 듣고 나서는 점수를 살짝 올리길 잘했다는 생각도 들었습니다. 대신 다음번 모의고사에서는 정정당당하게 시험을 치르고 좋은 성적을 내야겠다고 다짐했습니다.

그리고 다음 모의고사가 다가왔습니다. 이번에도 최선을 다해서 시험을 쳤지만 여전히 제가 원하는 점수는 나오지 않았습니다. 지난번 밝은 표정으로 저를 칭찬했던 선생님의 얼굴과 지금 제 점수를 보고 실망할 선생님의 얼굴이 동시에 떠올랐습니다. 당장 눈앞의 보상에 눈이 먼 저는 이번에도 저 자신을 속이고 점수를 높여 기록했습니다. 그날도 선생님은 저를 칭찬했죠.

한 번, 두 번까지는 정말 어려웠던 행동이 세 번째부터는 매우 쉬워졌습니다. 양심의 가책은 이제 더 이상 예전만큼 크게 느껴지지 않았습니다. 저는 모의고사를 칠 때마다 은근슬쩍 점수를 높였고, 그때마다 같이 1급 시험을 준비하는 원생들의 부러움과 동경이 섞인 시선 속에서 선생님의 칭찬을 받았습니다.

몇 달 뒤, 실제 시험날이 되었습니다. 그동안 받았던 높은 점수들이 제 점수가 아니라는 것을 누구보다 잘 알았기에 시험을 치는 것이 너무나 두려웠습니다. 시험 결과는 어땠을까요? 그동안 실력을 쌓지 않고 거짓으로 점수를 올렸기에 당연히 떨어졌습니다. 그것도 합격 커트라인 점수보다 한참 아래의 점수를 받았습니다. 시험에 떨어지고 나서도 한참을 두려움에 떨었습니다. 이번 시험으로 혹시나 한자 선생님께서 그동안 제가 점수를 조작한 것을 아시게 되는 건 아닌지 한동안 불안했습니다.

반면 저와 함께 1급 준비를 시작했던 저보다 1살 어린 후배는 첫 모의고사 때 40점도 안 되는 점수를 받았습니다. 제 본래 점수보다 낮은 점수였죠. 하지만 후배는 양심을 팔아 당장의 보상을 택했던 저와는 달리 실력을 쌓기 시작했습니다. 평일, 주말 가리지 않고 학원에 나와서 몇 시간 동안 자리에 앉아 공부에 집중했죠. 몇 주간

상승할 기미가 안 보이던 후배의 점수는 어느 순간부터 수직 상승을 했습니다. 물론 1급 시험도 우수한 성적으로 합격했습니다.

당당하게 실력으로 합격한 후배를 보고 느꼈던 부끄러움, 양심을 저버렸다는 후회와 자책감은 아직도 제 마음속에 아픔으로 자리 잡고 있습니다. 제가 처음부터 양심을 버리지 않고 정직하게 행동했다면 결과는 어떻게 되었을까요?

데일리 리포트를 기록하는 활동을 하다 보면 선생님의 칭찬을 받기 위해, 혹은 친구들과의 경쟁에서 이기기 위해 자기 계발 시간이나 몰입도 점수를 거짓으로 기록하는 학생들이 가끔 있습니다. 이런 학생들이 나올 때마다 저는 아이들에게 위와 같이 제 이야기를 해 줍니다. 처음에는 양심의 가책이 들지만 몇 번 자신을 속이는 일이 반복되면 그것이 습관이 되어 더 이상 양심의 가책이 느껴지지 않는다는 무서움, 선생님의 칭찬이나 친구들의 부러움 같은 단기적인 보상에 취해 양심을 어기면 결국에는 자신에게 안 좋은 결과로 돌아온다는 것을 아이들에게 강조합니다.

여러분도 어린 시절 저와 비슷한 경험이 있지 않으신지요? 아이들은 교과서나 책에 있는 먼 이야기보다도 가까운 부모님이나 선생님의 이야기에 훨씬 반응을 잘 보입니다. 부모님과 선생님의 생생하고 솔직한 이야기를 통해 아이들이 정직하게 데일리 리포트를 작성할 수 있도록 도와주세요.

저는 아이들에게 데일리 리포트를 쓸 때 목표뿐만 아니라 한 일 또한 최대한 구체적으로 자세히 쓰라고 지도합니다. 문제집을 풀었으면 어떤 과목의 문제집을 몇 페이지 풀었는지, 휴식을 취했으면 무엇을 하면서 쉬었는지, 학교 쉬는 시간에는 무엇을 했는지 기록하기를 권장합니다.

다음 사진은 현재 저희 반에서 데일리 리포트를 가장 구체적으로 작성하고 있는 한 학생의 기록입니다. 이 학생은 목표를 수치화하여 구체적으로 설정하고, 자기 계발 시간도 항목별로 나누어 계산해 어떤 활동에 시간을 가장 많이 쓰고 있는지 스스로 비교할 수 있도록 구성했습니다. 이 학생의 또 다른 인상적인 점은 자투리 시간을 매우 잘 활용한다는 것입니다. 학교에서의 쉬는 시간, 점심시간, 활동 후 남는 시간 등을 알차게 사용해 자기 계발 활동에 집중하고 있는 모습을 확인할 수 있습니다.

구체적으로 쓰기의 장점은 다음과 같습니다.

첫째, 자투리 시간을 찾을 수 있습니다. 큼지막한 조각들이 합쳐진 퍼즐 사이에는 반드시 빈틈이 있기 마련입니다. 5분, 10분 단위로 자세히 기록함으로써 우리는 자투리 시간을 찾아 하루를 좀 더 생산적으로 보낼 수 있습니다.

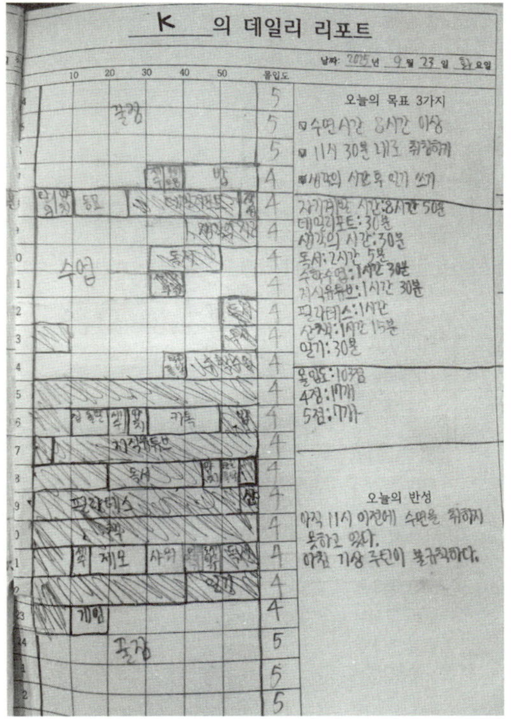

― K 학생의 자기 계발 시간(8시간 50분) 구성 항목

· 데일리 리포트(30분)

· 생각의 시간(30분)

· 독서(2시간 5분)

· 수학 수업(1시간 30분)

· 지식 유튜브(1시간 30분)

· 필라테스(1시간)

· 산책(1시간 15분)

· 일기(30분)

둘째, 과거와 현재의 하루를 객관적으로 비교할 수 있습니다. 내가 한 일에 대해서 구체적으로 수치화해서 나타낸다면 예전의 기록들과 객관적으로 비교할 수 있습니다. 예를 들어 비슷한 수준의 수학 문제를 동일한 시간 동안 풀었다고 가정했을 때, 어제는 문제집 10쪽을 풀고 오늘은 집중해서 15쪽을 풀었다면 오늘의 몰입도가 어제보다 더 높았다는 것을 알 수 있습니다.

셋째, 일기의 역할을 대신합니다. 구체적으로 쓴 데일리 리포트를 보면 내가 그날 무엇을 했고, 어떤 감정을 느끼고, 어떤 생각을 했는지 알 수 있습니다. 가끔 과거에 내가 쓴 데일리 리포트를 쭉 읽다 보면 나도 모르게 뿌듯함이 밀려오기도 합니다. 또한 과거에 했던 일을 기록하는 행위 자체가 단기 기억을 장기 기억으로 전환하도록 돕는 출력(output)의 역할을 하기 때문에 그날 있었던 일과 배운 것들이 기억도 잘 납니다.

반성했으면 실천할 수 있도록 돕기

데일리 리포트의 가장 중요한 부분은 '반성과 행동 수정'이라고 해도 과언이 아닙니다. 하지만 반성만 하고 고치지 않는 경우도 많습니다. 예를 들어, 한 학생이 '밖에서 너무 많이 놀았음. TV를 너무 많이 봄'이라고 반성을 했습니다. 이후에는 당연히 행동 수정이 나와야겠죠. 다음부터는 TV를 보는 시간을 줄이고 독서 시간을 늘린다든지, 자기 계발하는 시간을 일정한 시간대에 하루 루틴으로 정해 놓는다든지 말이죠. 만약 이러한 행동의 변화 없이 이전과 똑같이 행동한다면 어떻게 될까요? 매번 바뀌겠다고 반성, 다짐만 하고 실천하지 않는다면 자기효능감이 떨어질 확률이 매우 높습니다. '나는 뭘 해도 안 돼!'라는 생각은 실천의 부재에서 나옵니다.

그렇다면 아이들의 반성 후 실천력을 높이려면 어떻게 지도하는 것이 좋을까요? 데일리 리포트 작성 초기의 아이들은 대부분 결과물을 빨리 얻고 싶은 마음에 무리한 실천 계획을 세웁니다. 예를 들어 오늘 5시간 동안 TV를 보느라 독서를 하나도 못 했으면, 내일은 TV를 하나도 보지 않고 그 시간을 독서 시간으로 채우겠다고 계획을 짜는 것이죠. 물론 과한 실천 계획을 세우더라도 대부분 하루, 이틀 정도는 그 계획을 실천합니다. 하지만 문제는 지속성이죠. 무리하게 계획을 세운 아이들은 일주일도 채 되지 않아 전부 나가떨어집니다. 그 과정에서 데일리 리포트에 대한 관심은 물론 자기효능감도 떨어집니다.

이런 경우에는 **아이들에게 목표를 잘게 쪼개는 방법을 알려 주는 것이 필요합니다.** 예를 들어 평소 책을 하나도 읽지 않던 아이가 하루 평균 독서 2시간이라는 최종 목표를 세웠다면, 우선 일주일 동안 하루 10분만 독서하는 것으로 시작해서 일주일 단위로 10분씩 서서히 늘려 갈 수 있도록 조언해 주는 것이죠. 핵심은 당장 쉽게 달성할 수 있는 목표를 정해 장기적으로 꾸준히 실천하는 것입니다. 자그마한 성취들이 하나씩 쌓이면서 아이들은 자신감을 회복하고 좋은 습관을 형성하게 됩니다.

또한 사람마다 속도가 다르니 좋은 습관을 만들려면 자신만의 속도로 가는 것이 필요하다는 것을 아이에게 알려 주어 친구들과의 비교 혹은 불안함으로 인해 조급한 아이의 마음을 다잡아 주는 것도 필요합니다. 중요한 것은 속도가 아닌 방향이죠. 느린 속도로 인해 불안해하는 아이에게 적재적소의 칭찬과 격려를 통해 아이가 꾸준하게 나아갈 수 있도록 도와주세요. 구체적인 칭찬과 피드백 방법은 3장에서 살펴보도록 하겠습니다.

—— 에너지를 분배할 수 있도록 돕기

데일리 리포트를 처음 작성하다 보면, 지나친 의욕으로 오버페이스하며 하루를 보내는 학생들이 있습니다. 보통 반에서 열심히 하는 모범적이고 열정적인 학생들이 이런 모습을 자주 보입니다. 다음 사진을 보면 이 학생은 학교 수업 시간을 제외하고도 하루 자기 계발 시간이 8시간 40분이나 될 정도로 하루를 무리하게 보내고 있습니다. 잠을 새벽 1시에 자면서까지 말이죠.

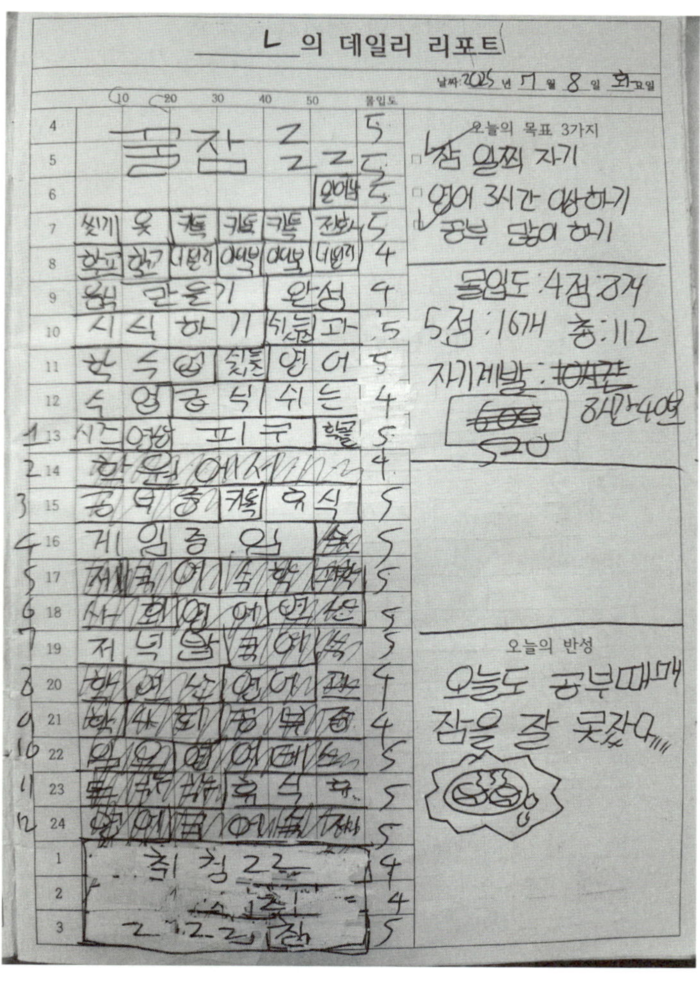

　과연 이러한 생활을 지속할 수 있을까요? 우리의 에너지는 한정적이기에 항상 에너지를 적절하게 배분하면서 활동을 해야 합니다. 이 학생의 경우, 데일리 리포트를 쓰기 전 평소 공부량은 보여 드린 사진의 약 1/3 수준이었습니다. 하지만 데일리 리포트를 작성하기 시작한 초기에 의욕이 너무 앞선 나머지, 잠도 제대로 자지 않은 채로 2주 넘게 평소보다 3배 이상 많은 시간을 자기 계발에 쏟아부었습니다. 결국 에너지를 과도하게 사용한 탓에 3주 차에 접어들면서 며칠 동안 앓아눕고 말았습니다.

　평소처럼 하루에 4시간 정도 매일 비슷한 시간대에 공부하며 서서히 공부 시간을 늘려 가는 학생과 평소보다 오버페이스로 5일간 7~8시간 공부를 하고 1번은 몸살로 앓아눕는 학생 중에 어느 학생이 더 바람직할까요? 단기적인 공부 시간으로만 따지자면 후자가 나아 보이지만, 장기적으로는 전자가 훨씬 낫습니다. 아직 공부 습관이 잡히지 않은 아이가 평소보다 훨씬 더 공부를 많이 한다면 얼마나 많은 에너지가 쓰일까요? 또, 무리하게 공부했다가 심하게 아팠던 경험이 있는 아이에게 앞으로 공부가 긍정적인 신호로 다가올까요?

　꾸준함을 위해서는 우선 특정한 시간대에 공부하는 습관을 확실히 만들어 둔 다음에 서서히 공부 시간을 늘리는 것이 훨씬 바람직합니다. 어떤 행동이 반복되어 습관이 되면 뇌의 '시스템 2(이성, 의식적인 뇌의 기능)'보다는 '시스템 1(느낌, 무의식)'의 관할이 점점 넓어지게 되는데요. 어떤 행동이 시스템 1의 영향을 많이 받을수록 그 일에 들어가는 에너지는 줄어듭니다. 즉, 작게 시작하더라도 지속적인 습관이 만들어지게 되면 평소보다 의식적인 에너지가 덜 들기 때문에 상당한 에너지를 절약할 수가 있습니다.

더군다나 초등학생 아이들은 한창 클 시기입니다. 성장에는 특히 수면이 매우 중요하죠. 충분한 수면은 아이의 정신을 명민한 상태로 유지하고 기억, 학습, 성장 능력을 끌어올립니다. 또한, 기분을 전환하고 스트레스를 해소하며 체력을 재충전하도록 돕기도 합니다. 반면 잠을 자지 않으면 집중해서 문제를 해결하거나 현명한 결정을 내리기가 힘들어질 뿐 아니라, 다른 친구들과 잘 어울리기도 어려워집니다. 이러한 이유로 아마존의 전 CEO 제프 베이조스를 포함해 세계적으로 성공한 다수의 사업가는 하루에 8시간 이상 잠을 잔다고 합니다.

그래서 저희 반에서는 아이들에게 항상 수면의 중요성을 강조하며 하루에 최소한 8시간 이상 자는 것을 권장합니다. 데일리 리포트에 수면 몰입도를 표시하도록 하고 깨어 있는 시간과 동등하게 점수를 계산하는 이유도 수면의 중요성을 강조하기 위함입니다.

적절한 시간대에 적절하게 에너지를 분배하는 것 또한 중요합니다. 우리는 한정된 에너지를 가진 인간이기에 항상 모든 일에 최상의 집중도를 유지할 순 없습니다. 평소 아이들이 집중력이 강한 시간대에 중요한 할 일들을 배치하고, 집중력이 약한 시간대에는 집중력이 다소 덜 필요한 할 일을 배치할 수 있도록 하여, 중요한 일에는 몰입하고 중요하지 않은 일에는 에너지를 비축할 수 있도록 돕는 지도가 필요합니다.

—— 인내심을 가지고 기다려 주기

혹시 지식의 저주라는 말을 들어보셨나요? 지식의 저주란 다른 사람의 행동이나 반응을 예상할 때, 자기가 알고 있는 지식을 다른 사람도 알 것이라는 고정관념에 매몰되어 나타나는 인식의 왜곡을 의미합니다. 쉽게 말해, 내가 알면 남도 알 것이라는 생각이 바로 지식의 저주입니다. 예를 들어 보겠습니다. 지식의 저주는 수학을 가르치는 부모(선생님)와 아이에게서 흔히 볼 수 있습니다.

"아니, 어떻게 이것도 몰라?"

"좀 생각을 하고 문제를 풀어 봐. 어휴, 답답해."

마치 개구리가 올챙이 시절을 잊어버리듯이, 부모님이나 선생님 또한 예전에 걸음마 시절이 있었다는 것을 잊어버리고 아이들을 다그치곤 합니다. 저 또한 신규 교사 시절, 지식의 저주에 갇혀 있었는데요. '내 제자면 이 정도는 해야지. 이 나이 또래는 이 수준 이상은 해야지' 같은 과한 욕심에 아이의 상황과 수준에 맞지 않는 교육으로 반 아이들을 힘들게 했습니다.

하지만 시간이 지나면서 깨달았죠. **아이에게는 기다림이 필요하다는 것을요.** 각자 자신만의 속도로 스스로 잘 배워 가고 있는데 자꾸 가르치려고 하면 아이의 주도성과 학습 의욕은 점점 사라집니다. 부모와 자녀, 교사와 학생 사이의 갈등은 주로 더 많이 가르쳐 주려는 욕심에서 비롯됩니다.

데일리 리포트도 마찬가지입니다. 어른의 관점에서 아이의 하루를 살펴보면 허술한 점이 한두 가지가 아닙니다. 하지만 저는 아이들에게 그 모든 것을 일일이 다 지적하지는 않습니다. 누구나 처음부터 다 잘할 수는 없기 때문이죠. 아이들도 우리와 마찬가지로 수많은 시행착오를 겪으면서 성장하는 경험이 필요합니다. 답답함에 아이가 고민해서 결정한 행동을 사사건건 지적하거나, 해답을 아이에게 바로 제시해서 아이가 성장할 기회를 빼앗지 말아 주세요.

지금까지 데일리 리포트를 정직하게 기록할 수 있도록 돕기, 구체적으로 쓸 수 있도록 돕기, 반성했으면 실천할 수 있도록 돕기, 에너지 분배할 수 있도록 돕기, 인내심을 가지고 기다려 주기, 이렇게 아이들의 올바른 데일리 리포트 활용을 돕기 위한 5가지 지도 팁들을 알아봤습니다. 지금까지의 내용은 데일리 리포트를 통한 성장의 준비 과정이라고 볼 수 있습니다.

다음으로는 아이의 본격적인 변화를 위한 성장 지식에 대해 알려 드리고자 합니다. 아이들에게 이 내용을 알려 주는 시점은 데일리 리포트 작성법이 어느 정도 익숙해진 2~3주 차 정도를 권장합니다. 또한, 한 번에 모든 지식을 알려 주기보다는 3~4일이나 일주일 단위로 서서히 알려 주면서 아이들이 배운 것을 소화할 수 있는 시간을 충분히 줄 필요가 있습니다.

이 지식을 활용하면 우선순위를 고려하여 목표를 세울 수 있게 되고, 좋은 습관을 만들고 나쁜 습관은 줄이는 등 아이들이 이전보다 자신의 하루를 체계적이고 주도적으로 만들어 갈 수 있습니다. 그럼 함께 살펴보도록 하겠습니다.

아이의 본격적인 변화를 위한 성장 지식

(2~3주차 권장)

습관 형성 메커니즘

아이들이 데일리 리포트를 쓰기 시작한 지 1주일 정도 지났을 때, 제일 먼저 알려 주는 지식이 있습니다. 바로 '습관 형성 메커니즘'입니다. 어떻게 보면 데일리 리포트는 셀프 피드백을 통해 행동 변화를 만들고 그 행동을 쌓고 또 쌓아 좋은 습관을 만드는 데 목적이 있다고 볼 수 있습니다. 좋은 습관을 만들려면 어떻게 습관이 만들어지는지부터 알아야겠죠?

《아주 작은 습관의 힘》의 저자 제임스 클리어(James Clear)는 습관이 형성되는 메커니즘을 이렇게 설명합니다.

이 4단계로 인해 우리의 행동이 변화하고 습관이 형성되는데요. 신호, 열망, 반응은 행동하게 만들고 보상은 그 행동을 반복하게 만듭니다. 또한 행동이 반복되어 습관이 되어 감에 따라 점점 적은 에너지를 들이고도 같은 일을 할 수 있게 됩니다.

예를 들어 보겠습니다. 5년 전, 당시 10년간 장롱면허였던 저는 차를 구입한 뒤 아버지께 운전을 배웠는데요, 저는 처음 제 차를 보자마자(신호) 운전을 열심히 배워서 제가 원하는 곳으로 가고 싶다는 욕망과 나만의 개인적인 공간이 생길 거라는 기대를 품었습니다(열망). 이 열망은 저를 운전 연습이라는 행동으로 이끌었고요(반응). 운전 연습 후 제가 운전을 해서 멀리 있는 곳에 갔다는 성취감과 신기함, 그리고 생각보다 운전을 괜찮게 한다는 아버지의 칭찬은 저를 기쁘게 만들었고(보상) 계속 운전 연습을 하게 되는 원동력이 되었습니다.

처음 운전할 때는 혹시나 맞은편에서 차가 중앙선을 침범해서 달려오지 않을까, 고속도로에서 사람이 튀어나오지 않을까, 신호를 받고 좌회전할 때 맞은편 차와 부딪히지는 않을까, 주차할 때 긁히지 않을까 걱정하면서 의식적으로 엄청난 에너지를 써 가며 운전했습니다. 당시 옆 사람과 이야기를 하면서 차를 운전하는 것은 꿈도 못 꿀 일이었습니다.

그러다 점차 운전이 익숙해지면서 제 뇌는 차 운전에 필요한 신호들을 선별적으로 받아들이게 되었습니다. 점차 운전은 습관이 되어 의식적이고 힘든 행위에서 무의식적이고 편한 행위로 넘어가게 되었고, 지금은 출근길과 퇴근길에 여유롭게 음악을 들으며 편안하게 운전을 하고 있습니다.

제가 주로 수업 시간에 아이들에게 설명할 때 활용하는 다른 예시들도 살펴보겠습니다.

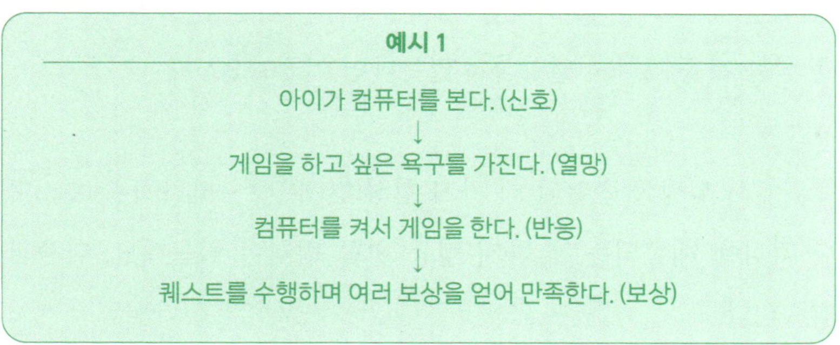

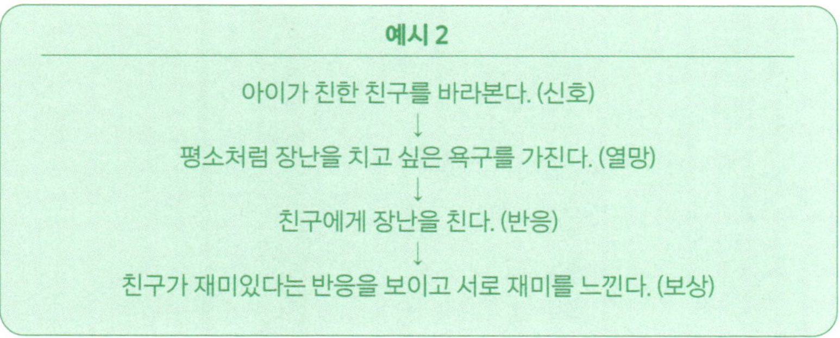

그렇다면 예시 1에서 컴퓨터라는 신호가 사라지면 어떻게 될까요? 혹은 예시 2에서 재미있다는 반응이 사라지고 친구가 정색을 한다면 어떻게 될까요? 혹은 예시 3에서 성취감을 느끼거나 칭찬을 받는 것을 그다지 열망하지 않는다면 어떨까요?

위에서 설명한 습관의 네 가지 형성 단계(신호 - 열망 - 반응 - 보상)마다 각각에 대응되는 네 가지 행동 변화 법칙이 있는데요, 다음과 같습니다.

첫 번째, 분명해야 달라집니다. 우리는 어떠한 신호를 보고 열망을 가지게 되고 행동하게 되는데요. 아무런 신호도 없이 하고자 하는 열망을 가질 순 없습니다. 학교에서 친한 친구들을 보면 장난을 쳐서 재미를 느끼고 싶은 욕구가 생기고 이는 곧 장난이라는 행동으로 나타납니다. 학교나 학원을 마치고 집에 가자마자 거실에 컴퓨터가 보인다면 바로 게임을 해서 스트레스를 풀고 성취감을 느끼고 싶다는 욕구가 생기게 되고 컴퓨터를 커서 게임을 하게 됩니다. 물론 이 신호를 어떻게 해석할지는 사람마다 다릅니다. 사람마다 신호와 연결된 습관이 다르기 때문이죠.

그렇다면 이 신호를 과장하거나 반대로 제거한다면 우리의 행동은 어떻게 달라질까요? 만약 내가 꼭 만들고 싶은 습관이 있다면 신호를 과장되게 만드는 것이 좋겠죠? 이미 우리가 알게 모르게 활용하고 있는 방식입니다. 예를 들면, 영어 단어를 외우기 위해 집 안 곳곳에 영어 단어가 적힌 포스트잇을 붙여 놓는다든지, 공부 의욕을 충전하기 위해 공부와 관련된 명언들을 방 여기저기에 붙여 놓는 방식은 학창 시절에 누구나 한 번쯤은 써 본 방식일 것입니다.

아이가 형성했으면 하는 습관들을 부모님과 선생님이 솔선수범해서 자주 보여 주는 것 또한 신호 과장을 통한 습관 형성 방식입니다. 예를 들어 저는 저희 반 아이들에게 쉬는 시간에 독서하는 모습과 데일리 리포트를 쓰는 모습을 자주 보여 주는데요, 신기하게도 아이들은 그런 제 모습을 보며 독서 습관과 데일리 리포트 작성하는 습관을 자연스럽게 가지게 되었습니다. 기억하세요. 최고의 교육 방법은 모델링이라는 것을요. 아이들이 좋은 습관을 가질 수 있게 하려면 어른들이 먼저 아이들에게 좋은 모습을 많이 보여 줘야 합니다.

그럼 반대로 신호를 제거한다면 어떻게 될까요? 저는 2018년 슬럼프에 빠졌을 당시 하루에 컴퓨터 게임을 평균 8시간 이상씩 하는 중독자였는데요. 게임 중독에서 빠져나오기 위해 노트북 폐기(신호 제거)라는 과감한 결정을 내렸습니다. 당장 눈앞에 컴퓨터가 보이지 않으니, 게임을 하고 싶은 욕구가 더 이상 일어나지 않았습니다. 덕분에 저는 중독에서 벗어날 수 있었고, 그 이후 지금까지 단 한 번도 게임을 하지 않았습니다.

재외한국학교 6학년 담임을 할 당시에 저는 저희 반 아이들에게도 같은 방법을 써서 디지털 중독을 예방한 적이 있습니다. 저희 반은 스마트폰과 컴퓨터 등 디지털 중독을 막기 위해 학급 회의를 통해 매주 수요일은 무조건 '디지털 디톡스 데이'로 만들기로 했습니다. 학부모님들께 미리 동의를 얻어 그날 아이들의 휴대폰은 학교에 맡기기로 하고, 부모님 또한 집에서 스마트폰이나 컴퓨터, TV를 사용하지 않기로 약속했습니다. 아이들의 디지털 사용 욕구를 일으키는 신호 자체를 아예 제거한 것이죠. 아이들과 학부모님의 협조 덕분에 아이들은 일주일에 하루는 디지털 세계에서 벗어나 자유를 맛보게 되었습니다.

하나의 장소에 신호가 뒤섞이면 어떻게 될까요? 예를 들어 침실에서 잠도 자고 영화도 보고 독서도 한다면요? 맥락들이 엉키게 되면서 우리의 뇌는 혼란스러워 할 것이고 잠에 들기가 무척 어려울 것입니다. 우리의 뇌는 단순하고 명확한 것을 좋아하거든요. 혹시 여러 신호가 뒤섞여 있는 물건 하나가 떠오르지 않나요?

맞습니다. 스마트폰 같은 경우 녹음, 카메라, 인터넷 서핑, 갖가지 어플 등 다양한 기능들이 탑재되어 있기 때문에 여러 신호가 뒤섞여 있죠. 그래서 직접 사용하지 않더라도 단지 스마트폰이 옆에 있다는 것만으로 우리의 집중력은 떨어집니다. 따라서 집중해야 할 일이 있을 때는 스마트폰을 곁에 두지 않는 것이 좋습니다.

많은 아이들이 자료 검색이나 연락을 이유로 스마트폰을 옆에 두고 공부나 독서를 하는데요. 이 작은 행동만으로도 아이의 집중력에 상당한 타격을 줍니다. 아이가 집중해야 할 일이 있을 때는 스마트폰을 다른 방에 보관하거나 그 시간에만 부모님이 잠깐 맡아 주는 방법을 추천해 드립니다.

두 번째, 매력적이어야 달라집니다. 열망하는 것이 매력적일수록 습관이 형성될 가능성이 커집니다. 고백하자면 저는 사실 씻는 것을 별로 좋아하지 않습니다. 하지만 매일 아침 기분 좋게 씻을 수

있는 기막힌 방법이 있습니다.

전 씻는 것은 좋아하지 않지만 아침에 건강한 샐러드와 블루베리, 견과류를 먹고 녹차를 마시는 것은 좋아합니다. 그래서 맛있는 아침 식사를 하고 싶다는 열망을 이용해 씻는 행위와 건강한 음식을 먹는 행위를 연결했습니다. 그렇게 해서 일어나서 화장실에 감(신호) → 얼른 씻고 샐러드를 먹고 싶은 욕구(열망) → 씻음(반응) → 건강한 샐러드를 먹음(보상)의 메커니즘이 형성되었습니다.

저는 반에서 데일리 리포트를 적는 초기 한 달 정도는 아이들이 행동을 하고 싶어지도록 만들기 위해 피드백과 함께 칭찬을 해 줍니다. 칭찬에 대한 기대감이 생기면 행동을 시작할 유인이 커지기 때문입니다. 칭찬을 할 때는 아이가 이전과 다른 새로운 도전을 했을 때, 행동이 전보다 나아졌을 때(늦잠을 자던 아이가 일찍 일어나기 시작했다든지, 공부 시간이 늘었다든지, 하루 평균 집중도가 올랐다든지, 컴퓨터 게임 시간을 일주일 전보다 확 줄였다든지)를 제대로 포착해서 구체적으로 칭찬해 줍니다.

게임에서는 캐릭터가 레벨업을 하는 순간에 팡파르가 터지고 보상이 주어집니다. 마찬가지로 저는 아이가 성장한 모습이 보이면 칭찬 세례를 퍼붓습니다. 이때 칭찬을 잘하기 위해서는 평소 교사가 아이들 개개인의 특성과 생활 패턴을 잘 알고 변화를 잘 알아채는 것이 필요합니다.

데일리 리포트를 안 써 왔거나 대충 써 온 학생들 혹은 전혀 변화가 없는 학생들에게는 억지로 칭찬하지 않습니다. 뻔히 보이는 칭찬은 역효과만 날 뿐이죠. 대신 이런 친구들이 조그마한 노력이나 변화를 보였을 때는 바로 칭찬해 주는 것이 좋습니다. 물론 교사나 어른의 눈에는 성에 차지 않을 수 있지만, 이 학생들은 본인 나름대로 노력을 한 거거든요. 보통 이때부터 아이들은 칭찬을 받을 수 있는 행동을 더 하고 싶다는 마음을 갖게 되며 본격적으로 변화하기 시작합니다.

집단 내에서 사회문화적으로 그 행동을 매력적인 것으로 만드는 방법도 있습니다. 예를 들면 저희 반에서는 학급 화폐를 통한 경제 활동 시스템을 운영하고 있는데요. 학급 화폐는 수업에 열심히 참여하거나, 학급 내 봉사 활동을 하거나, 숙제를 잘해 오는 등 학급 활동을 열심히 하면 벌 수 있습니다. 이때 번 학급 화폐는 급식 자리 바꾸기나 간식 구입, 숙제 면제권 등에 쓸 수 있고요.

경제 활동 초기에는 상당수의 아이가 돈을 버는 족족 간식을 사 먹거나, 급식 자리를 바꾸는 데에 돈을 썼었는데요, 덕분에 제 월급의 상당 부분이 간식비로 나가기도 했습니다. 그런데 1~2달 정도 시간이 지나자 점차 빈부격차가 생기기 시작했습니다. 평소에 돈을 아끼지 않고 펑펑 쓰거나 학급 규칙을 어겨서 벌금을 받은 학생들은 가난해지고, 학급 활동에 열심히 참여하면서 학급 규칙을 잘 지킨 학생들은 부유해진 것이죠.

부자인 학생들의 대부분은 평소에 학급에서 매우 모범적인 학생이었습니다. '학급 화폐가 많은 사람은 모범생이고 학교생활을 정말 잘하고 있는 것이다. 학급 화폐를 많이 가지고 있다는 것은 명예로운 것이다'라는 인식이 퍼지면서 아이들은 돈을 모으기 시작했습니다. 발표를 안 하던 아이들이 용기를 내어서 발표하기도 하고, 숙제를 안 해 오던 아이가 숙제를 착실히 해 오기도 했습니다. 학급 활동에 열심히 참여해서 학급 화폐를 모은다는 행위 자체가 저희 학급문화에서는 아주 매력적인 행동이 된 것이죠.

또 다른 방법으로는 '새롭게 정의하기(리프레이밍)'가 있습니다. 아이들은 대부분 일기 쓰기를 싫어하는데요, 선생님이 내 줬으니 어쩔 수 없이 해야 하는 숙제로만 생각을 하기 때문입니다. 당연히 수동적으로 일기를 쓰니 항상 쓰는 패턴도 비슷하고, 글을 쓰는 실력도 거의 늘지 않습니다. 이러한 사태를 막기 위해 저의 경우에는 학기 초에 아이들에게 일기를 쓰는 목적을 새롭게 제시해 줍니다.

일기를 써야 하는 이유

1. 나 자신과의 대화를 통해 스트레스 해소
2. 글 쓰는 능력 향상
3. 기록(추억 소환용)
4. 선생님과 속마음 대화

제가 아이들에게 제일 강조하는 내용은 '일기를 쓸 때 절대 선생님을 위해서, 혹은 숙제를 위해서 쓰지 말고 자신을 위해 일기를 써라'입니다. 숙제만을 위한 일기는 시간 낭비이기 때문에 차라리 안 써도 좋다고 합니다. 그리고 글을 못 써도 좋으니 두려워하거나 형식에 구애받지 않고 자유롭게 글을 쓸 것을 제안합니다.

아이들은 제 얘기를 들으면서 일기 쓰기에 대해 새롭게 정의를 내립니다. '선생님과의 소통 창구로도 활용할 수 있구나', '훗날 내 일기를 보고 내 어릴 적의 추억을 회상할 수 있겠구나!', '글 쓰는 것을 그렇게 어렵게 생각할 필요 없구나' 등 자신만의 방법으로 다양하게 정의를 내리게 됩니다.

일기에 대해 새롭게 정의 내리기 전과 후를 비교해 보면, 아이들의 일기 퀄리티는 확실히 달라져 있습니다. 일기 숙제를 빼먹는 아이들도 확 줄어듭니다. 이렇게 대상이나 행동에 대한 정의를 매력적으로 바꾸는 것만으로도 습관 형성에 도움을 줄 수 있습니다.

세 번째, 쉬워야 달라집니다. 우리의 뇌는 게으릅니다. 여러 가지 행동들에 대한 선택권이 있을 때 우리는 가장 에너지가 덜 드는 쉬운 행동을 선택할 확률이 매우 높습니다.

예를 들어 명상이 정신건강에 좋은 것은 누구나 다 알고 있습니다. 명상은 집중력을 높여 주고 여러 가지 정보들의 범람에서 벗어나 나 자신에게 주의를 돌려 인지 과부하를 막아 줍니다.

하지만 명상을 하는 사람은 거의 없습니다. 뭔가 명상을 한다고 하면 특수한 단체에 들어가서 전문적으로 배워야 할 것 같고 특별한 장소와 시간을 마련해야 할 것 같은 느낌이 들기 때문입니다. 한마디로 행동의 마찰이 큽니다. 이에 《너의 내면을 검색해라》의 저자이자 구글의 엔지니어 차드 멩 탄(Chade-Meng Tan)은 이렇게 말합니다.

"처음에는 거창하게 생각할 필요 없다. 하루에 한 번 깊게 숨을 들이마시고 내쉬어라."

하루에 한 번 숨을 깊게 들이마시고 내쉬는 것은 매우 쉽습니다.

15초 정도의 시간만 있으면 충분히 할 수 있습니다. 마찰이 적기 때문에 우리는 1회 호흡 명상을 쉽게 실천할 수 있습니다. 습관을 형성할 때 중요한 것은 질보다 양입니다. 먼저 마찰이 적은 행동을 수십, 수백 번 실천하면서 습관으로 만든 뒤에 규모를 늘려 가는 것이 가장 현명한 방법입니다.

반면 우리에게 도움이 되지 않는 습관은 하기 어렵게 만들면 됩니다. 예를 들어, 몇 년 전 저희 반 학생 중 한 명은 스마트폰을 계속 보는 습관을 없애기 위해, 동생에게 부탁해서 자신의 스마트폰을 숨기도록 했습니다. 동생이 기가 막힌 위치에 스마트폰을 숨기는 바람에 찾는 데만도 30분이 넘게 걸렸다고 합니다(마찰 증가). 한 번 사용하고 나면 다시 동생에게 휴대폰을 맡기고, 동생은 또 스마트폰을 숨겼다고 합니다. 이와 같은 행동이 여러 번 반복되고 나니, 스마트폰을 찾는 데에 시간을 낭비하느니 차라리 다른 것을 하는 게 낫겠다는 생각에 쉬는 시간에 독서나 보드게임 같은 다른 할 일을 하게 되었다고 합니다.

네 번째, 만족스러워야 달라집니다. 20만 년 전부터 과거 우리의 조상들은 늘 당장 무엇을 먹고, 당장 어디서 잠을 자고, 당장 포식자를 어떻게 피해야 하는지 고민해 왔습니다. 오랜 기간에 걸쳐 우리의 뇌는 생존을 위해 미래보다 현재에 더 가치를 두는 방향으로 진화해 온 것이죠.

단 음식을 먹으면 기분이 좋은 것과 같이 행동을 하면 바로 보상을 주는 것을 즉시적 보상, 1년 적금을 넣어서 1년 뒤에 이자를 받는 것과 같이 느린 보상을 지연된 보상이라고 하는데요. 우리 인류의 뇌는 20만 년 중 500년 정도를 제외하고 대부분을 즉시적 보상 환경에서 살았기에 빠른 보상을 선호하는 방향으로 진화해 왔습니다.

문제는 오늘날 우리 현대사회에서 나쁜 습관들은 대부분 즉시적인 보상을 주는 반면에, 좋은 습관들은 지연된 보상을 준다는 점입니다. 흡연은 장기적으로 나의 몸을 서서히 죽이고 있지만, 당장의 스트레스는 줄여 줍니다. 과식은 장기적으로는 내 몸에 해롭지만, 순간적으로는 기분이 좋습니다. 반면 흡연과 음주, 과식을 하지 않고 오랜 기간 운동하면 단기적으로는 힘들지 모르나 장기적으로는 내 건강에 매우 도움이 됩니다.

학교에서도 마찬가지입니다. 게임을 하거나 친구들과 장난을 치는 것은 즉각적인 만족감을 주지만, 발표에 참여하거나 숙제를 열심히 해 오거나 공부를 열심히 해도 당장은 눈에 띄게 달라지는 점이 없게 느껴지니 큰 만족감을 얻기가 힘듭니다. 만약 이런 좋은 행동에도 즉시적인 보상을 주는 방법이 있다면, 습관으로 만들기가 좀 더 수월하지 않을까요?

앞에서 언급했듯이 저희 반의 경우 발표, 모둠 활동, 숙제, 1인 1 역 등등 모든 학급 내 활동들을 학급 경제 시스템과 연결시켰습니 다. 학급 활동을 열심히 하면 할수록 학급 화폐를 벌어들일 수 있 는 구조죠. 아이들은 학급 화폐를 많이 모을수록 자신이 성장하고 있다는 느낌을 갖습니다. 어느 순간부터 아이들은 학급 내에서 열 심히 발표하고, 1인 1역에 최선을 다하고, 모둠 활동을 열심히 하는 것이 자신의 정체성이라고 생각하죠.

마찬가지로 일상생활에서도 좋은 습관을 형성하기 위한 보상 시 스템을 만드는 것이 필요합니다. 오늘 목표를 다 이뤘을 때 자기 전 1시간 동안은 나만의 시간을 갖는다든지, 몸에 좋지 않은 간식을 참을 때마다 갖고 싶은 물건을 사기 위한 계좌에 저금을 한다든지 말이죠. 즉시적인 보상으로 나의 행동에서 만족감을 얻었기에 우리 는 다시 그 행동을 하게 됩니다. 행동이 반복되며 정체성이 되고 어 느 순간 그 행동은 나의 습관이 됩니다.

지금까지는 좋은 습관을 형성하는 네 가지 행동 변화 법칙에 대 해서 살펴보았는데요. 그럼 나쁜 습관을 없애려면 어떻게 하면 될 까요? 앞에서 살펴본 네 가지 행동 변화 법칙을 반대로 적용하면 됩니다.

이처럼 습관 형성 단계에서 파생된 네 가지 행동 변화 법칙을 응 용하면 좋은 습관들은 쉽게 만들고 나쁜 습관들은 없앨 수 있습니다. 5~6학년 정도 되면 아이들 스스로 이 지식을 활용하여 충분히 자신만의 습관을 만들 수 있습니다. 그보다 낮은 학년의 경우 부모나 교사가 아이와 함께 만들고 싶은 습관과 그 습관을 형성하기 위한 규칙을 정해 보는 것도 좋은 방법입니다.

—— 우선순위 설정법

아이들은 데일리 리포트를 통해 매일 하루 동안 이룰 목표를 세웁니다. 데일리 리포트 작성 초기에 아이들은 대부분 우선순위를 고려하지 않고 여러 목표를 나열하는데요, 너무 많은 할 일을 목표로 정하거나 우선순위를 고려하지 않아 정작 중요한 할 일을 놓치는 경우가 많습니다. 이때 아이들에게 알려 주면 좋은 지식이 바로 우선순위 정하는 방법입니다.

우리의 시간과 에너지는 한정적이기에 원하는 것을 모두 다 할수는 없습니다. 예를 들어 내가 저녁에 숙제를 하기로 선택하면 친구를 만날 수 없죠. 반면 친구를 만나서 노는 것을 선택하면 그 시간에 숙제를 할 수 없습니다. 즉 무언가를 선택하면 무언가는 포기해야 합니다. 따라서 우리는 선택에 대한 기준을 세워 할 일의 우선순위를 정할 필요가 있습니다.

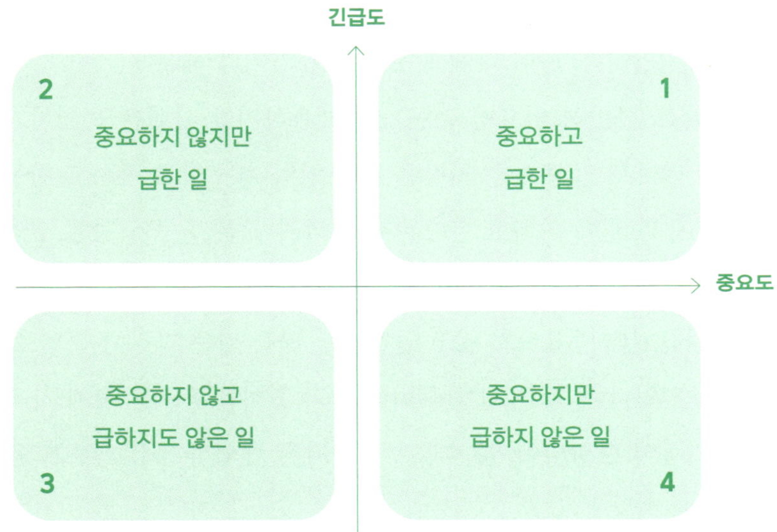

일의 우선순위를 정하기 위해서 먼저 위 그래프를 통해 중요도와 긴급도에 따라 일을 분류해 보았는데요. 1~4분면 각각을 살펴보고 우선순위에 따라 나열해 보도록 하겠습니다.

1사분면의 중요하고 급한 일은 가장 우선해서 처리해야 할 일입니다. 지금 당장 처리하지 않으면 단기간 내에 큰 불이익이 주어질 수 있는 중요한 일이라고 볼 수 있습니다. 당장 내일 있을 단원평가 시험을 위해 시험공부를 하거나 내일 학교 운동회에 계주 대표로 나가게 되었을 때 전날 점심시간을 활용해 달리기 연습을 하는 것이 여기에 해당이 될 수 있습니다.

2사분면의 중요하지 않지만 급한 일은 대부분 남이 나에게 강제하는 일입니다. 남이 나에게 요구하는 것이기 때문에 기한이 정해져 있죠. 가만히 있으면 누군가가 재촉하지만 사실은 늦어지거나 하지 않아도 인생에 큰 지장은 없는 일입니다. 학교 마치고 친구가 갑자기 PC방에 가자고 한다든지, 친하지 않은 친구가 당일 생일파티에 갑자기 초대하는 것이 여기에 해당될 수 있습니다.

3사분면의 중요하지 않고 급하지도 않은 일은 가장 후순위로 처리할 일입니다. 다른 일들에 비해 나의 흥미와 욕구를 크게 자극하는 일들이 포함되어 있는데요. 스마트폰 게임하기, TV 보기 등이 여기에 해당됩니다.

4사분면의 중요하지만 급하지 않은 일은 대부분 내 삶을 바꾸기 위한 일입니다. 누군가 강제하지 않고 스스로 진행하는 일이기에 특별히 정해진 기한이 없습니다. 명상, 독서, 운동, 글쓰기 등 단기적으로는 뚜렷한 변화를 느끼기 힘드나 장기적으로는 내 변화와 성장에 도움이 되는 것들이 여기에 해당될 수 있습니다.

지금까지 중요도와 긴급도에 따라, 해야 할 일들을 1~4분면으로 분류하고 각 사분면의 특징을 살펴보았는데요. 그렇다면 이들의 우선순위는 어떻게 되는 걸까요? 우선순위는 다음과 같습니다.

이 중에서 저는 4사분면의 '중요하지만 급하지 않은 일'을 항상 아이들에게 강조합니다. 중요하지만 급하지 않은 일인 독서, 글쓰기, 운동, 명상은 우리 자신을 실질적으로 변화시키는 핵심 행동들이기 때문이죠. 하지만 대부분 이런 행동들은 즉각적으로 바로 변화가 나타나기보다는 오랜 시간 꾸준히 해야 효과가 나타나기 때문에 여간해서는 하기가 쉽지 않습니다. 따라서 중요하지만 급하지 않은 일을 성공적으로 수행해 내기 위해서는 데일리 리포트나 학급 시스템 같은 여러 성장 도구들과 환경 설정이 반드시 필요합니다.

반면 '중요하지 않지만 급한 일'과 '중요하지도 급하지도 않은 일'은 대부분 우리에게 나쁜 영향을 미칩니다. 습관 메커니즘에서 언급했듯이 현대사회에서 대부분 나쁜 습관들은 즉시적인 보상을 주는데요. 마찬가지로 여기에 속하는 일들도 즉시적인 보상을 줍니다. 친구의 요구나 요청을 들어줘서 친구를 실망시키지 않았다는 안도감, 게임을 하거나 TV를 본 뒤에 느끼는 만족감이 즉시적인 보상에 속할 수 있죠.

하지만 항상 이것을 잊지 말아야 합니다. 내가 2, 3사분면에 속한 일들을 선택하게 되면 1, 4사분면에 속한 일들은 하지 못한다는 것을요. 우리의 시간과 에너지는 한정적이니까요. 그래서 저는 저희 반 아이들에게 '안 할 일 목록'을 만들도록 합니다. 안 할 일에는 대부분 2, 3사분면에 속한 일들이 포함됩니다.

안 할 일 목록 (예시)

· 스마트폰 사용하지 않기
· TV 보지 않기
· 친구랑 노느라 학원 빼먹지 않기
· 정해진 약속이 아니면 갑자기 잡지 않기

하지만 안 할 일 목록을 만들더라도 행동이 변화되지 않는 학생들이 있습니다. 오히려 전보다 더 자주 안 좋은 습관을 보이는 아이들도 생겼습니다. 그 이유는 '백곰 효과' 때문입니다. 백곰 효과는 대문호 톨스토이의 어린 시절 경험에서 나온 것으로, 그의 형이 백곰에 관한 생각을 멈추기만 하면 같이 놀아 주겠다고 말한 것에서 유래했습니다. 그 말을 들은 톨스토이는 당연히 백곰에 관한 생각을 멈출 수 없었고, 무서운 백곰을 매일 밤 생각하느라 잠을 자지 못했다고 하죠. 이처럼 백곰 효과는 특정 생각을 억제하려 할수록 오히려 그 생각이 더 자주 떠오르는 심리 현상을 의미합니다. 마찬가지로 스마트폰을 사용하지 않으려고 생각을 억제하려면 할수록 오히려 스마트폰이 자꾸 하고 싶어지는 것이죠.

이에 대한 해결책은 다음과 같습니다. 첫 번째는 안 할 일을 대신 할 수 있는 대안을 찾는 것입니다. 스마트폰을 사용하는 대신에 가족들과 보드게임을 한다든지, TV를 보지 않는 대신에 밖에서 운동을 한다든지 말이죠. 두 번째는 '~하면 안 돼'라는 생각을 '~해야겠어' 형태로 바꾸는 것입니다. 예를 들어 '친구랑 노느라 학원을 빼먹으면 안 돼'가 아니라 '학원은 나 스스로의 발전을 위한 곳이니 학원을 가야겠어', '사전에 정해진 약속만 가야겠어'로 바꿀 수 있습니다.

지금까지 할 일의 우선순위를 정하는 방법과 안 할 일을 안 하는 방법에 대해서 알아보았는데요. 저희 반의 경우에는 하루 목표를 세울 때 아이들에게 중요하고 급한 일(1사분면)을 제일 위에 배치시키고, 중요하지만 급하지 않은 일(4사분면)들은 반드시 하루에 1개 이상은 목표에 포함할 것을 권장합니다. 명확하고 올바른 기준에 따라 할 일의 우선순위를 정하고, 우선순위에 따라 목표 달성을 해나간다면 아이의 하루가 좀 더 여유로워짐은 물론 변화와 성장에 한 발짝 더 가까이 다가갈 수 있게 될 것입니다.

도파민, 노르아드레날린, 세로토닌, 멜라토닌, 엔도르핀 등 아이들이 우리 뇌에서 나오는 신경전달물질의 특징을 이해하고 활용하면 좀 더 효율적으로 좋은 습관을 형성하고 목표를 달성할 수 있습니다. 많은 신경전달물질 중에서도 특히 우리 아이들이 활용하기 쉬운 도파민과 노르아드레날린 위주로 설명하고자 합니다.

'행복 물질'이라고도 불리는 도파민은 인간의 학습, 행동에 대한 동기부여, 환경 적응과 밀접한 관련이 있습니다. 우리 인간은 더 많은 쾌감을 얻기 위해 계속해서 더 높은 곳으로 올라가려고 하는데요. 이때 쾌감의 역할을 하는 것이 도파민입니다. 이는 우리가 동기부여를 받고 더 높은 곳을 향해 성장, 진화하는 데 필수 불가결한 뇌 내 시스템입니다.

게임은 도파민이 담당하는 강화 학습 구조를 기가 막히게 반영합니다. 다들 어릴 때 한 번씩은 빠져들었을 법한 롤플레잉 게임을 떠올려 봅시다. 게임에서는 작은 퀘스트를 깰 때마다 아이템, 금화, 경험치 등의 보상을 줍니다. 보상받을 때 쾌감이 느껴지기에 계속 퀘스트를 수행합니다. 그리고 플레이어의 수준에 맞는 작은 퀘스트 여러 개를 계속 깨다 보면 중간 퀘스트가 나옵니다. 중간 퀘스트를 깨면 더 큰 보상이 주어집니다. 플레이어는 더 큰 쾌감, 즉 도파민을 얻기 위해 더 어려운 퀘스트에 도전하고, 결국 최종 보스 스테이지까지 클리어하게 됩니다.

그렇다면 우리 아이의 일상생활도 게임의 퀘스트처럼 바꿔 보면 어떨까요? 아이의 삶이 게임처럼 재미있어지지 않을까요?《당신의 뇌는 최적화를 원한다》의 저자 가바사와 시온은 도파민을 팡팡 나오게 하는 '목표 달성 7단계'를 제시했습니다.

1단계, 명확한 목표를 세운다.

목표를 세우는 자체만으로 도파민이 나옵니다. 대신 목표가 너무 거창하면 효과가 반감됩니다. 우리의 현실과 너무 동떨어져 있기 때문이죠. 그보다는 게임의 퀘스트처럼 '단기간에 이룰 수 있는 작은 목표'를 세워서 목표를 달성하는 과정을 여러 번 되풀이하며 큰 목표를 달성하는 것이 효율적입니다.

2단계, 목표를 이룬 자신을 구체적으로 상상한다.

우리 뇌는 상상과 현실을 구분하지 못합니다. 따라서 구체적인 상상은 도파민을 분비시키고 동기부여를 해서 목표 달성률을 높입니다. 이렇게 목표를 달성한 자신을 상상할 때 얼마나 가슴이 두근거리고 설레는지에 따라 도파민 분비량이 달라집니다.

그런데 이때 주의할 점이 하나 있습니다. 목표뿐만 아니라 그 목표를 이루는 과정(작은 목표들)도 명확하고 구체적으로 상상하는 것이 필요합니다. 제가 중학생이던 시절, '간절히 상상하면 꿈이 이루어진다'라는 《시크릿》 열풍이 불었는데요. 당시에 100억 자산가 시크릿이니, 로또 시크릿이니, 피부 시크릿이니 하면서 많은 사람이 열광적으로 시크릿 운동에 참여했습니다. 하지만 저를 포함한 대부분이 목표 달성에 실패했죠. 그 이유는 목표만을 간절히 상상했을 뿐 그것을 이루는 과정에 대해서는 구체적으로 생각하지 않았기 때문입니다.

결과는 한순간에 나타나는 것이 아니라 치열한 여러 과정이 더해진 이후에 따라 나오는 것입니다. 세세한 목표 달성 과정을 이미지 트레이닝 한다든지, 어떤 상황에서 목표와 관련된 어떠한 행동을 할 것이라는 가상의 시나리오를 적는 것도 과정을 상기하는 좋은 방법이 될 것입니다.

3단계, 목표를 자주 확인한다.

목표를 종이에 써서 책상 앞에 붙이거나, 나만의 꿈 지도(꿈이 이루어졌을 때의 모습 사진)를 만들어서 목표를 자주 확인해 동기부여를 얻는 것이 좋습니다. 마치 자동차에 연료를 보충하듯, 꿈과 목표를 보고 또 보면서 목표를 세웠을 때의 설렘을 시간 날 때마다 떠올려 보는 게 좋습니다.

4단계, 즐겁게 실행한다.

인간의 뇌는 '쾌감 자극'을 받으면 그 자극을 또 원하게 됩니다. 반면 '불쾌한 자극'을 받으면 그것을 피하려 합니다. 그럼 평소 하기 싫어하던 것들을 의식적으로 즐겁게 실행하면 어떻게 될까요? 공부할 때도 즐거운 마음으로 하면 도파민이 분비됩니다. '내일도 공부해야지!'라는 기분이 저절로 듭니다. 도파민이 나오면 빨리 이해하고, 빨리 습득하며, 기억력이 좋아지는 효과가 있습니다. 즉 즐거운 마음으로 공부하면 학습 효과가 향상되는 것이죠.

앞서 습관 메커니즘에서 확인했듯이 목표를 달성하면 자신에게 보상을 주는 것이 좋습니다. 그러면 탐욕스러운 뇌는 또 보상을 받으려고 같은 행동을 하려고 하겠죠. 그러나 뇌에 상을 충분하게 주지 못하면 뇌는 '또 상을 받고 싶다' 하는 의욕을 잃게 됩니다. 현실 목표를 게임 속 퀘스트라고 생각하고 하루, 일주일, 한 달 목표 달성 후 그에 걸맞은 보상을 주는 것이 좋습니다.

저희 학급 같은 경우는 학급 경제 시스템을 활용하고 있기 때문에 아이들이 학급 화폐를 주로 보상으로 받습니다. 가정에서는 아이와 부모님이 함께 의논해서 보상을 정하는데요, 주로 노는 시간(스마트폰 사용하기, 게임하기, TV 보기) 갖기, 맛있는 음식 먹기 등을 보상으로 정할 수 있습니다. 이때 주의해야 할 것은 반드시 목표를 달성하고 나서 보상받아야 한다는 것입니다. 아직 목표를 달성하지도 않았는데 보상을 받는다면 목표한 행동을 할 동기가 사라집니다. 즉 보상 체계가 망가지는 것이죠. '선 목표 달성 후 보상'을 반드시 기억해 주세요.

도파민은 새로운 도전을 좋아합니다. 도파민은 더 힘든 목표를 세웠을 때 분비되며 강력한 동기부여를 합니다. 다만 이때도 주의할 점이 하나 있습니다. 목표를 세울 때는 스스로가 감당할 수 있을 만큼의 목표를 세워야 한다는 것입니다. 인간은 어렵지만 관리 가능한 수준의 도전을 할 때 동기가 극대화된다고 하는데요. 이를 '골디락스 법칙'이라고 합니다.

배드민턴 시합을 예로 들어 보겠습니다. 비슷한 실력이지만 나보다 약간 잘하는 사람과 경기를 하게 되었습니다. 실력 차이가 크게 나지 않으니 몇 포인트는 따고, 몇 포인트는 잃으면서 쫄깃쫄깃한 진검승부가 펼쳐집니다. 조금만 더 집중하면 상대방을 이길 수 있을 것이라는 생각도 듭니다. 점점 게임에 집중하면서 정신을 산만하게 만드는 방해물은 사라지고, 완전히 스스로를 내던지게 됩니다. 바로 몰입 상태에 들어가는 것이죠.

반면 전 국가대표 이용대 선수와 경기를 한다고 상상해 봅시다. 물론 같이 경기를 하는 건 영광이긴 하지만, 경기 자체는 재미가 없겠죠. 애초에 실력 차이가 크게 나기 때문에 몰입 상태에 들어가기는 어렵습니다.

과학자들은 몰입하는 느낌을 수량화하려고 애쓴 결과 우리의 현재 능력에서 대략 4퍼센트 정도 넘어서는 일을 할 때 몰입 상태에 돌입한다는 것을 알아냈습니다. 기억하세요. 우리의 현재 능력에서 아주 약간 높은 수준의 일에 도전할 때, 도파민에 의해 동기가 극대화될 수 있다는 것을요.

목표를 세우고, 구체적으로 상상하고, 이를 자주 확인하며, 즐겁게 실행합니다. 그리고 목표를 달성하면 자신에게 상을 주고, 즉시 더 높은 목표를 세웁니다. 이렇게 우리 아이는 한 단계씩 성장해 나갑니다.

'투쟁-도피 호르몬'이라고도 불리는 노르아드레날린은 싸우든 도망치든 순발력이 필요한 행동을 할 수 있도록 뇌와 몸을 준비 상태로 만드는 역할을 합니다. 특히 노르아드레날린은 스트레스 상황에 직면했을 때 가장 많이 분비되는데, 이때 순간적으로 주의력과 집중력이 극대화됩니다.

이러한 노르아드레날린의 특징을 활용한 것이 마감 업무 방식입니다. 스트레스를 유발할 만한 마감 기한을 설정하면 노르아드레날린이 분비되어 주의력과 집중력이 높아지고 엄청나게 효율적으로 일이 돌아갑니다. 마감이 닥쳐와 단기간에 해치운 일은 수준이 낮을 것이라고 생각하기 쉽지만, 오히려 그 반대입니다. (초인적인 힘으로 하루 전날 해치운 대학생 시절 과제를 떠올려 보시죠.)

저희 반에서도 마감 업무 방식을 자주 활용하는데요. 학급 내에서 개인이나 모둠 활동을 할 때마다 저는 마감 시간을 설정해 칠판에 스톱워치를 띄워 놓고 카운트다운을 합니다. 집중도를 높이기 위해 개인적으로 스톱워치나 시각화된 도구를 쓰는 아이들도 많습니다.

하지만 스트레스 상태가 장기적으로 지속되면 처음과 같은 효과가 나오지는 않습니다. 예를 들어 1년 365일 동안 매일 죽을힘을 다해서 일해야 한다고 가정해 봅시다. 바로 의욕이 떨어질 것입니다. 반면 1주일만 죽을힘을 다해 일하면 큰 보상을 받는다고 가정해 봅시다. 그럼 해 볼 만하다고 생각할 것입니다. 따라서 노르아드레날린을 이용한 시간 활용 방식은 아주 중요한 일이나 순간에 한해 사용하는 것이 효과적입니다.

우리 뇌의 신경전달물질인 도파민과 노르아드레날린의 특징과 활용법에 대해서 살펴보았는데요, 그럼 이 두 신경전달물질을 아이들 교육법에 적용해 보면 어떻게 될까요?

아이가 부모님이나 선생님에게 혼나지 않으려고 열심히 공부하는 것은 노르아드레날린형 동기부여이고, 칭찬받기 위해 열심히 공부하는 것은 도파민형 동기부여입니다. 노르아드레날린형 동기부여는 위험회피형 반응이므로 즉효성이 있습니다. 반면 도파민형 동기부여는 보상 체계가 본격적으로 작동하기까지 다소 시간이 걸립니다. 즉, 단기적인 결과를 내야 할 때는 노르아드레날린을, 장기적으로는 도파민을 활용하는 것이 최상이라고 할 수 있습니다.

그렇지만 평소에 사소한 일로 아이를 사사건건 야단치면 정작 제대로 혼내야 할 때 효과가 나지 않을 수도 있습니다. 따라서 평소에는 칭찬, 상 등의 도파민형 지도를 주축으로 하되, 꼭 필요할 때에만 노르아드레날린형 지도를 하는 게 교육 효과가 좋습니다.

지금까지 습관 형성 메커니즘, 우선순위 정하는 방법, 우리 뇌의 신경전달물질 활용법 등 우리 아이가 데일리 리포트를 통해 하루를 설계해 나가는데 필요한 지식을 알아보았습니다. 아이들은 이 지식을 활용해서 좋은 습관을 형성하고, 좀 더 중요한 일을 우선 처리하는 등 한층 능동적이고 주도적으로 하루를 설계해 나갈 수 있을 것입니다.

다음 장에서는 데일리 리포트를 위한 시스템 활용법, 아이들에게 적절한 피드백을 주는 방법, 온·오프라인 도구 활용법 등 교사와 학부모를 위한 현실적인 운영 방법에 대해서 알아보겠습니다.

3장

교사와 학부모를 위한
현실 운영 가이드

내외적 동기를 활용한 데일리 리포트 시스템 정착

데일리 리포트 정착 과정

저는 저희 반 아이들에게 데일리 리포트 쓰는 습관을 정착시키기 위해서 앞에서 배운 습관 형성 메커니즘의 네 가지 행동 변화 법칙을 활용했습니다.

아이들에게 데일리 리포트를 처음 알려 줄 때, 작성 방법을 아날로그 방식으로 할지 디지털 방식으로 할지 고민이 많았습니다. 사실 처음에는 반자동화된 디지털 방식이 좀 더 끌렸습니다. 당장 포털 사이트에서 검색만 해 봐도 하루 시간과 집중도를 손쉽게 계산해 주는 앱이나 프로그램들이 있었기 때문이죠.

우선 시험 삼아 저만 먼저 디지털 방식으로 도전해 보았지만, 생각보다 쉽지 않았습니다. 대부분 스마트폰으로 입력을 하다 보니 중간에 다른 포털 사이트 뉴스를 확인하거나 유튜브를 보는 등 딴짓을 하게 되는 경우가 많았습니다. 차선책인 컴퓨터로 입력을 하자니 접근성이 떨어져 꾸준히 기록하기가 쉽지 않았습니다.

결국 신호와 반응 측면에서 봤을 때, 아날로그 방식이 훨씬 낫다고 판단했고, 직접 만든 데일리 리포트 양식을 제본해서 아이들에게 나눠 줬습니다. 아이들은 어른 손바닥 크기만한 데일리 리포트를 책상 가장자리에 놔두고 항상 기록했습니다. 휴대하기 편했기에 학원이나 집에 갈 때도 데일리 리포트를 가지고 다니며 수시로 작성을 하는 아이들이 많았습니다.

데일리 리포트 작성이라는 행위를 아이들이 매력적으로 느끼도록 하기 위해, 매번 아이들이 기록을 제출할 때마다 정성스럽게 개별 피드백을 달아 주었습니다. 선생님의 응원과 격려, 조언이 궁금해서 데일리 리포트를 더욱 열심히 쓰는 아이들도 많았습니다.

또한 '꾸준히 성장하는 사람이 정말 멋진 사람이다. 성장을 위해 가장 효과적인 방법은 데일리 리포트를 통해 매일 꾸준히 반성과 행동 수정을 하는 것이다'라는 학급문화를 만들어 데일리 리포트 작성을 한층 매력적으로 만들기 위해 노력했습니다.

아이들의 데일리 리포트 작성에 대한 부담(마찰)을 줄이기 위해서 데일리 리포트 작성 초기에는 한 일에 대한 기록과 반성만 간단하게 적도록 했습니다. 전날 데일리 리포트를 완성하지 못한 아이들은 학교 아침 시간에 기록할 수 있도록 허용하기도 했습니다.

매일 23명이나 되는 아이들의 데일리 리포트를 수기로 검사하고 피드백을 주자니 교사인 저도 부담이 컸는데요. 검사 부담을 줄이기 위해 매일 아침 시간에 스마트단말기(아이북)를 통해 온라인 학급 과제방에 전날 데일리 리포트 사진을 올리도록 했습니다. 피드백은 수기로 작성하지 않고, 컴퓨터를 통해 아이가 제출한 과제 아래에 댓글로 남겼습니다. 과제 제출 방식을 바꾼 덕분에 검사 시간을 1/3로 단축할 수 있었고, 데일리 리포트 피드백 활동을 꾸준하게 지속할 수 있었습니다.

반성을 통해 성공적으로 행동 수정을 한 아이들은 아침 시간에 친구들 앞에서 발표하도록 했습니다. 행동 수정을 성공적으로 달성하고 발표를 한 아이에게는 축하금으로 소정의 학급 화폐를 줬습니다. 친구들 앞에서 자랑스럽게 발표도 하고 보상도 받으니 아이도 매우 만족스러워합니다. 이 만족스러움은 다시 데일리 리포트를 쓰는 행위로 이어지고, 행위가 반복되면 결국 습관이 됩니다.

또, 데일리 리포트를 작성하고 반성과 행동 수정을 반복하게 되면 자연스럽게 작은 성취들이 쌓이면서 주변에서 변화를 느낄 정

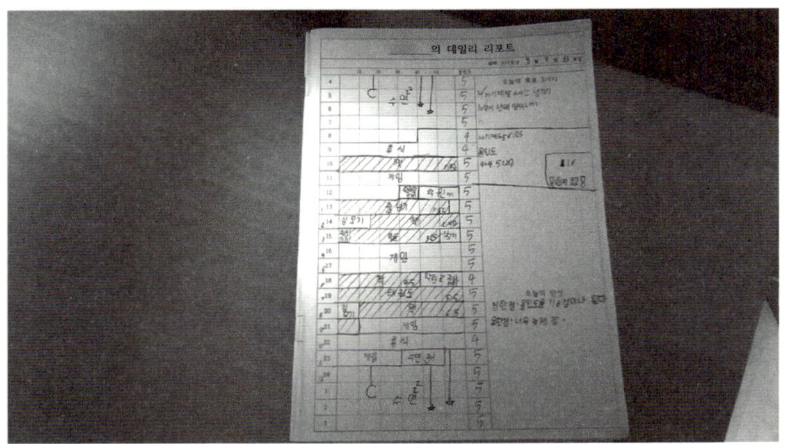

❤ 좋아요 0 | 댓글 1

임호 2025-08-07 20:04:26   수정 삭제

오늘도 역시나 게임과 자기계발의 적절한 조화 ㅎㅎ 게임을 2시간 정도로만 줄이는 건 어때?
게임 대신에 할 만한 재미있는 건 없을까?

도로 눈에 띄게 성장하게 되는데요. 이때 아이들은 강력한 내적 동기를 얻게 됩니다. 더 이상 학급 화폐 같은 외적 동기로 행동을 강화하지 않아도 스스로 습관을 유지하는 단계가 되는 것이죠.

우리 인류는 20만 년 중 500년 정도를 제외하고 대부분을 즉시적 보상 환경에서 살았기에 오랜 기간 즉시적 보상을 선호하는 방향으로 진화해 왔는데요. 우리의 뇌 또한 조상의 영향을 받아 지연된 보상보다는 즉시적 보상을 선호하게 되어 있습니다. 더군다나 우리 아이들 같은 경우에는 매번 보상을 주는 게임과 유튜브, 인스타, 틱톡 같은 각종 SNS, 쇼츠 영상 등에 영향을 많이 받아 즉시적 보상에 매우 익숙해져 있습니다. 이런 상황에서 아이들에게 데일리 리포트를 통한 내적인 학습 동기를 부여하는 것은 굉장히 어렵습니다. 내적 동기가 발현이 되려면 꽤 긴 시간 동안의 노력으로 작은 성취들이 쌓여야 하는데, 성취가 쌓이기도 전에 포기하는 아이들이 많기 때문이죠.

이러한 문제점을 해결하기 위해서 온라인 게임처럼 성취를 이루면 중간중간 보상을 주는 학급 시스템 두 가지를 도입했습니다.

첫 번째 학급 시스템(편의상 학급 시스템 1이라고 하겠습니다)은 《세금 내는 아이들》로 유명한 옥효진 선생님의 학급 경제 시스템에서 영감을 받았습니다. 이 시스템을 간단히 설명하자면, 아이들이 경제 개념을 재미있게 익힐 수 있도록 기존에 많은 학급에서 운영하던 1인 1역, 학급 규칙, 칭찬 스티커 등을 실제 어른들의 경제 생활과 비슷한 방식으로 변형한 것이 특징입니다. 아이들은 학급(나라)과 학급 화폐의 이름, 각자의 직업(1인 1역)과 월급, 나라 헌법(학급 규칙) 등을 정하고 한 달에 한 번씩 학급에서 주는 월급을 받습니다. 이렇게 번 학급 화폐는 학급 내에서 자리 바꾸기, 숙제 면제, 학급 상점 이용, 음악 듣기 이용권 등으로 쓸 수 있습니다.

다만 저희 반에서는 이 시스템에서 경제적인 요소보다는 자기 계발적인 부분에 좀 더 초점을 뒀습니다. 평소 발표를 안 하던 아이가 용기 내어 발표하거나, 공부가 어려운 친구를 도와주거나, 모둠 활동에 적극적으로 참여한 경우에는 학급 화폐를 보상으로 주었습니다. 또한 데일리 리포트와도 연계하여, 행동에 긍정적인 변화가 보이거나 반성 후 행동을 잘 수정한 모습이 보였을 때, 그 순간을 잘 포착해 칭찬과 함께 학급 화폐로 보상해 주었습니다. 학급 경제 시스템 덕분에 교실이 마치 즉시적 보상을 얻을 수 있는 게임 속 세상처럼 된 것이죠.

아이들은 현실 속에서 게임을 하는 것 같다며 이 시스템을 매우 좋아하고 잘 따랐습니다. 이처럼 저희 반의 시스템은 학교생활을 열심히 하고 하루를 알차게 보낼수록 아이의 학급 화폐가 늘어나는 구조를 가지고 있습니다. 아이들 또한 이러한 사실을 잘 알고 있기 때문에 학급 규칙을 잘 지키고 수업을 잘 듣는 등 열심히 학교생활을 하며 돈을 모읍니다.

두 번째 학급 시스템(편의상 학급 시스템 2)은 제가 2023~2024년에 재외한국학교에서 초빙 교사로 부임했을 때 적용한 시스템입니다. 이전에 적용하던 학급 시스템 1은 청소하기, 학습 도와주기, 유인물 나눠 주기, 교실 불 끄기 등의 학급 일을 아이들이 1인 1역으로 나누어 맡아 선생님 주도가 아닌 학생 주도로 학급 운영이 원활하게 돌아갈 수 있다는 장점이 있었습니다. 하지만 이 시스템은 당시 제가 맡았던 10~11명의 소수 학급에 적용하기에는 어려움이 있었습니다. 적은 인원으로는 수많은 직업과 시스템, 규칙들을 모두 감당하기 힘들었기 때문이죠.

그래서 저는 작은 학급을 위해 새로운 학급 시스템을 도입하기로 했습니다. 새로 고안한 학급 시스템 2는 아이들의 학습과 자기 계발에 초점을 맞췄습니다. 아이들은 매일 데일리 리포트 노트에 자신이 한 일과 집중도, 자기 계발 시간을 기록했습니다. 그리고 매일 아침 시간에 학급 공유 엑셀 파일에도 자기 계발 시간을 기록한 이후 자신이 한 일과 반성하고 실천한 내용을 친구들 앞에서 발표했습니다.

친구들 앞에서 발표하도록 하는 방식은 아이들 개개인의 발표 실력을 향상할 뿐만 아니라 서로의 자기 계발 시간을 속이지 않는 자정 효과도 있었습니다. 학교의 특성상 아이들의 생활권이 겹쳐서 언제 무엇을 하는지 서로 다 알고 있었기 때문이죠.

당시 저희 학급 아이의 절반 정도가 다문화 학생이었는데요. 이 학생들은 대부분 한글 학습이 잘 되지 않아 항상 학교 성적(한국의 초등학교와는 다르게 이곳은 중간·기말시험을 쳤습니다)이 낮게 나왔고, 그로 인해 학습된 무기력에 빠져 있는 상태였습니다. 부모님이나 선생님이 동기부여를 해도, 아이들은 반짝 공부하는 듯하다가 금세 다시 예전으로 돌아가곤 했습니다. 아이들 입장에서는 분명 열심히 해 보았다고 생각했지만 눈에 띄는 변화가 없었기에 여러 번 좌절을 겪게 되었고, 결국 학습된 무기력에 빠지게 된 것입니다.

저는 아이들에게 학습의 특성상 3~4일이 아니라 최소 1달 이상 꾸준하게 열심히 공부를 해야 유의미한 변화가 생긴다는 것을 알려 주었습니다. 그리고 아이들에게 동기를 부여하기 위해, 정말 특별한 보상을 예고했는데요. 바로 한 달 동안 자기 계발 시간의 총합이 가장 높은 상위 4명의 아이들을 선발해 보상으로 주말에 선생님 집에 놀러 가는 시간을 갖는 것이었습니다. 아이들의 반응은 폭발적이었습니다. 기존에 하루에 공부를 30분도 안 하던 아이가 5~6시간을 공부할 정도였습니다.

반 학생 수가 10명밖에 되지 않는데 그중에서 4명이나 뽑은 이유는 학급의 모든 아이가 성취의 경험을 한 번씩 갖길 바랐기 때문입니다. 관리 가능한 수준에 도전할 때 동기가 극대화된다는 골디락스 법칙에 따라서 모든 아이가 도전해 볼 만하다고 느낄 수 있는 4명을 선발 인원으로 설정했습니다. 특히 학습된 무기력에 빠져 있던 다문화 아이들이 꼭 성공하길 바랐습니다.

놀랍게도 첫 달에 뽑힌 4명 중 2명은 학생은 다문화 학생이었습니다. 그 모습을 보며, 아이들이 성취를 원하지 않았던 것이 아니라 단지 할 수 있는 환경이 주어지지 않았던 것뿐이라는 사실을 깨달았습니다. 환경만 잘 만들어 주면 아이들은 충분히 해낼 수 있다는 것을 다시 한번 느끼게 되었습니다.

한 학기가 지나자 모든 아이가 한 번씩은 Top 4안에 드는 경험을 했습니다. 그리고 시간이 갈수록 아이들의 학습 시간은 평균 4~5배로 늘었고, 수업 태도 또한 좋아졌습니다. 기존에 학습된 무기력에 빠져 있던 친구들도 수차례 성취 경험을 통해 할 수 있다는 자신감을 갖게 되었고, 학교 성적도 많이 올랐습니다.

저는 이 아이들이 이듬해 6학년이 되었을 때에도 담임을 맡게 되었는데요. 새 학기에 전학생이 들어오며 학생 수가 13명이 되었고, 이때부터는 팀플레이 활동도 함께 진행해 보았습니다. 한 달 동안 자기 계발 시간의 1인당 평균이 가장 높은 모둠에게는 보상으로 선생님 집에 놀러 가는 시간을 선물했습니다. 이를 계기로 아이들은 자발적으로 스터디를 만들고, 친구들끼리 서로 학습 도움을 주는 등 상당히 긍정적인 변화를 보여 주었습니다.

아마 제 이야기를 들으며 '선생님 집에 놀러 가기'라는 외적 보상

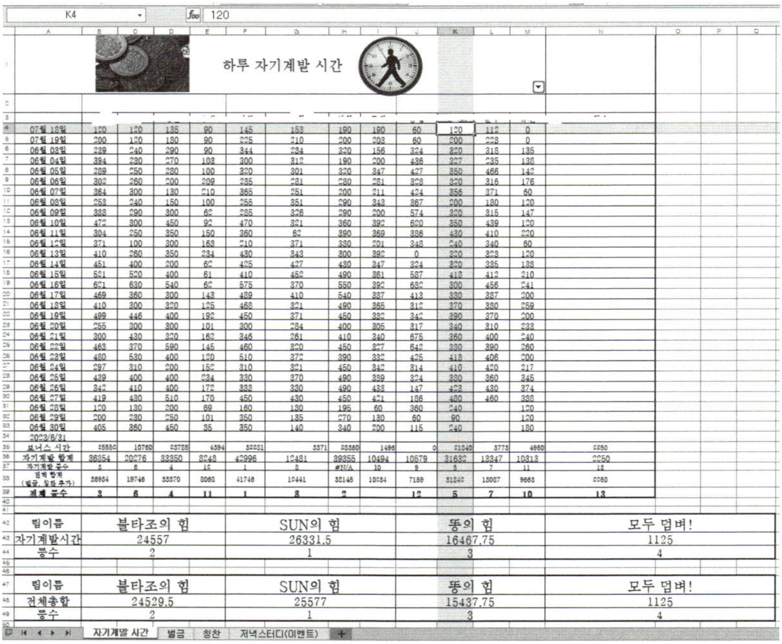

모둠별 자기 계발 시간 대결

K4 | fx | 120

하루 자기계발 시간

날짜	B	C	D	E	F	G	H	I	J	K	L	M	N
07월 18일	120	120	135	90	145	153	190	190	60	120	112	0	
07월 19일	200	120	180	90	225	210	200	203	60	200	223	0	
06월 03일	239	240	290	90	344	234	320	156	324	320	318	135	
06월 04일	394	230	270	103	300	312	190	200	436	327	235	136	
06월 05일	289	250	280	100	320	301	320	347	427	350	466	142	
06월 06일	302	260	200	209	235	281	280	281	328	320	316	176	
06월 07일	364	300	130	210	365	251	200	211	424	356	371	60	
06월 08일	253	240	150	100	255	351	290	343	367	200	180	120	
06월 09일	388	290	300	62	285	326	290	200	574	320	315	147	
06월 10일	472	300	450	92	470	321	360	392	620	350	439	120	
06월 11일	304	250	350	150	360	62	390	369	386	430	410	220	
06월 12일	371	100	300	163	210	371	330	201	348	240	340	60	
06월 13일	410	260	350	234	430	343	300	392	0	320	328	120	
06월 14일	451	400	200	62	425	427	430	347	324	320	335	138	
06월 15일	521	520	400	61	410	452	490	361	587	418	412	210	
06월 16일	621	630	540	62	575	370	550	392	682	300	456	241	
06월 17일	469	360	300	143	489	410	540	387	413	380	387	200	
06월 18일	410	300	320	125	468	321	490	365	312	370	380	259	
06월 19일	499	446	400	192	450	371	450	332	342	390	370	200	
06월 20일	255	300	300	101	300	284	400	305	317	340	310	233	
06월 21일	300	430	320	162	346	261	410	340	675	360	400	240	
06월 22일	463	370	590	145	460	320	450	327	642	380	390	260	
06월 23일	480	530	400	120	510	372	390	332	425	418	406	200	
06월 24일	297	310	200	152	310	321	450	342	314	410	420	217	
06월 25일	439	400	400	234	330	370	490	399	324	380	360	345	
06월 26일	342	410	400	172	383	330	490	433	147	423	430	374	
06월 27일	419	430	510	170	450	430	450	421	186	480	460	386	
06월 28일	120	130	200	69	160	130	195	60	360	240		120	
06월 29일	200	230	250	101	350	135	270	130	60	90		120	
06월 30일	405	360	450	35	350	140	340	200	115	240		180	
2023/6/31													
보너스 시간	25550	10760	23785	4394	32081	3371	28360	1496	0	21340	3773	4950	2250
자기계발 합계	36354	20276	33350	8248	42996	12481	39355	10494	10579	31632	13347	10313	2250
자기계발 등수	3	6	4	12	1	8	#N/A	10	9	5	7	11	12
전체 합계 (벌금, 칭찬 추가)	36934	19746	33870	8068	41746	12441	38145	10084	7189	31242	15087	9663	2250
전체 등수	3	6	4	11	1	8	2		12	5	7	10	13

팀이름	불타조의 힘	SUN의 힘	똥의 힘	모두 덤벼!
자기계발시간	24557	26331.5	16467.75	1125
등수	2	1	3	4

팀이름	불타조의 힘	SUN의 힘	똥의 힘	모두 덤벼!
전체총합	24529.5	25577	15437.75	1125
등수	2	1	3	4

자기계발 시간 | 벌금 | 칭찬 | 저녁스터디(이벤트)

에 의해 아이들이 움직였으니, 보상이 중단되면 아이들의 행동이 다시 원래대로 돌아가지 않을까 궁금해하실 분들이 계실 것 같습니다. 저 또한 그 부분이 걱정되었고, 학급 시스템 2를 1년 반 동안 유지한 뒤 학급회의를 통해 학급 시스템 2를 아예 중단하기로 결정했습니다.

다행히 중단 후에도 아이들의 학습 습관은 그대로 유지되었습니다. 이미 여러 차례의 학습 성공과 변화의 경험으로 오랜 기간 꾸준히 하면 반드시 변화가 온다는 것을 몸소 체험했기 때문입니다. 이제는 외적 동기가 아니라 내적 동기로 학습을 하게 된 것입니다.

학급 시스템 2는 담임 선생님이 세심하게 케어하고 신경 쓸 수 있는 10~12명 이내의 소수 학급에 잘 맞습니다. 굳이 제가 했던 학습 시스템들을 그대로 따라 하실 필요는 없습니다. 각 학급의 아이들 성향과 선생님들의 특성이 다르고, 적용되는 상황과 맥락도 다르니까요.

다만 핵심만 기억하시면 됩니다. 아이들이 데일리 리포트를 이용해 꾸준한 성취를 통한 내적 동기를 얻기까지는 꽤 시간이 걸린다는 점, 내적 동기를 얻기 전까지는 어느 정도의 외적 보상이 필요하다는 점, 온라인 RPG 게임처럼 단계별로 성취를 이루면 중간중간 보상을 주는 퀘스트형 학급 시스템을 아이들이 선호한다는 점을요. 이러한 점들을 고려해서 각 반의 특성에 맞게 학급 시스템을 구성하시면 좋을 것 같습니다.

아이들에게 외적 보상을 줄 때, 반드시 그 보상이 클 필요는 없습니다. 지난 여러 해 동안 아이들에게 크고 작은 외적 보상을 주면서 실험해 본 결과, 큰 보상보다는 작은 보상부터 시작해서 난이도가 올라갈수록 점진적으로 보상의 크기를 조금씩 늘리는 게 좋다는 것을 깨달았습니다.

인간은 적응의 동물이죠. 아이들 또한 마찬가지입니다. 첫 보상이 크면 처음에는 반응이 매우 좋으나, 그 또한 계속되면 금방 적응하게 되어 동기부여 효과가 떨어지게 됩니다. 지난해 저희 학급에서는 이전보다 보상의 규모를 줄여 보았음에도 불구하고 효과는 비슷하게 나타났습니다. 성취가 쌓이고 내적 동기가 형성될 때까지, 작은 것부터 시작해서 점진적으로 보상을 늘리는 구조를 따랐기 때문입니다.

가끔 보상에만 집착하는 아이들도 있기 마련인데요, 저는 그럴 때마다 이런 시스템을 만든 과정과 이유를 아이들에게 상기시킵니다. 보상과 시스템은 단지 성장 도구일 뿐, 정말 중요한 건 자신의 변화와 성장이라는 것을 강조합니다.

── 가정에서의 시스템 활용

가정에서도 위와 비슷한 시스템을 만드는 것을 추천드립니다. 가정에서는 아이가 10~20명씩 많지 않기 때문에 학교에서보다 좀 더 정교하고 구체적으로 시스템을 구성할 수 있습니다. 이때 시스템 구성 요소, 시스템 세부 규칙 등 모든 것은 자녀와 함께 의논해야 합니다.

심리학자들은 통제감이 행복의 중요한 요소라고 하는데요. 통제력 행사의 여부와 상관없이 통제한다는 느낌을 지니는 것 자체가 인간에게 큰 만족감과 동기를 부여한다고 합니다. 부모님이 아이와 함께 의논하고 아이에게 직접 의견을 묻는 것만으로도 아이는 스스로 통제하고 있다는 느낌을 받을 수 있는 거죠.

예를 들어 아이에게 '게임하지 말고 공부해!' 같은 명령이 아니라 '공부할래, 아니면 독서할래?'라고 선택권을 주면 신기하게도 아이는 명령받았다는 느낌이 아닌 스스로 선택했다는 느낌을 받습니다. 또한, 선택권을 부여했을 때 아이의 행동력과 자기주도성이 명령했을 때보다 훨씬 높게 나타납니다. 이처럼 아이가 어떤 영향력을 행사한다는 느낌을 가지면, 자신이 유능하다는 확신으로 이어지고, 결국에는 구체적인 성과로 발전하기도 합니다.

그럼 가정 내에서의 성장 시스템은 어떻게 갖추는 게 좋을까요? 먼저 아이들이 가장 좋아하는 것을 파악해야 합니다. 예를 들어, 아이가 휴대폰 게임을 좋아한다면, 가정에서는 휴대폰 게임을 보상으로 활용할 수 있습니다.

다음은 세부 규칙을 정합니다. 원칙은 단 하나, 해야 할 일을 하고 난 뒤에 보상을 받는 것입니다. 평소에 자유롭게 휴대폰 게임을 하던 아이 입장에서는 갑자기 왜 제약을 두냐고 반발을 할 수도 있습니다. 따라서 아이에게 규칙을 정하는 취지를 설명하고 이해시키는 작업이 반드시 필요합니다.

아이가 시스템에 동의하면, 데일리 리포트에 내일 목표를 적어 오도록 합니다. 아이들은 자율성과 통제감을 갖는 것을 좋아하기에 이때 부모님이 대신 정해 주는 것은 안 됩니다. 모든 것을 부모님이 통제하려고 하면 아이들은 무력감을 느끼기 쉽습니다. 대신 아이가 빠른 보상을 얻기 위해 너무나 쉬운 목표를 정해 왔다면 아래와 같이 열린 질문을 하는 것이 좋습니다.

"이것이 네가 할 수 있는 최선이니?"
"정한 목표에 만족하니?"
"이 목표를 달성하면 보상은 어느 정도가 좋을 거 같니?"

이와 같은 방식으로 세운 목표는 아이가 스스로 정한 목표이기에 달성될 확률이 매우 높습니다. 그리고 목표를 달성하면 약속대로 보상을 받을 수 있도록 합니다. 예시로 든 학생의 경우에는 휴대폰 게임을 하는 시간을 가지는 것이죠.

자기 전에는 아이와 부모님이 함께 오늘 한 일을 쓴 데일리 리포트를 보며 하루를 되돌아보는 것이 좋습니다. 목표가 아이의 수준에 적절했는지, 보상은 만족스러웠는지 살펴보는 것이죠. 이때도 마찬가지로 부모님은 아이 스스로 결과를 보고 판단할 수 있도록 돕는 조력자의 역할에 머무는 게 좋습니다. 우리의 최종 목표는 아이가 스스로 내적 동기에 의해 반성하고 행동 수정을 하는 것이니까요. 아이가 하루를 되돌아보는 동안 부모님은 아이의 잘한 점에 대해서 칭찬해 주는 것이 좋습니다.

그럼 칭찬은 어떻게 하는 것이 효과적일까요? 다음 섹션에서는 칭찬, 조언 등의 피드백을 하는 방법에 대해서 알아보도록 하겠습니다.

아이에게 적절한 피드백을 주는 방법

초등학교 5학년 1학기 국어-가의 1단원, '대화와 공감'에서는 대화의 특성을 알고 공감하는 방법에 대해서 배우는데요, 이 단원의 핵심은 '선 공감 후 조언'입니다. 친구가 나에게 속상한 마음을 털어놓았을 때, 친구가 나에게 제일 바라는 점은 무엇일까요? 바로 진심 어린 공감일 것입니다.

물론 친구에게 조언이 필요한 경우도 있습니다. 하지만 이때는 먼저 친구의 속상한 기분을 공감을 통해 잘 헤아려 준 다음에 조심스럽게 조언을 건네는 센스가 필요합니다. 공감 없는 해결책 제시로 아내에게 여러 번 혼난 적이 있던 저에게도 많은 가르침을 준 단원이었습니다.

　이와 비슷한 맥락으로 데일리 리포트의 피드백도 선 칭찬 후 조언을 하는 것이 좋습니다. 아이가 선생님과 부모님에게 열심히 쓴 데일리 리포트를 보여 줄 때 제일 바라는 점은 무엇일까요? 선생님과 부모님이 아이의 노력을 알아주는 것입니다. 아이가 나름대로 하루를 열심히 보내고 데일리 리포트를 선생님과 부모님께 보여 드렸는데, 바로 충고와 조언부터 듣는다면 얼마나 속상할까요? 열심히 생활한 하루가 부정당한 듯한 느낌이 들 것입니다. 따라서 저는 항상 제일 먼저 아이의 잘한 부분을 칭찬합니다. 이때 칭찬은 구체적으로 하고, 결과보다는 과정을, 지능보다는 노력을 칭찬하는 것이 좋습니다.

칭찬하기

칭찬할 때 제일 중요한 부분은 데일리 리포트를 통해 아이의 사소한 변화를 알아채는 것입니다. 예를 들어 저희 반의 재희(가명)는 전날 저에게 '아침에 일찍 일어나고 있으니, 아침 시간에 독서처럼 의미 있는 일을 하면 좋겠다'라는 조언을 들었는데요. 놀랍게도 다음 날 재희의 데일리 리포트에는 6시 반부터 7시 20분까지 책을 읽은 기록이 있었습니다. 그날 저는 재희에게 칭찬 세례를 듬뿍 퍼부었습니다. 온라인 댓글은 물론 반 아이들 앞에서도 '평소 안 하다가 갑자기 아침에 일어나서 책 읽기는 쉽지 않은데 그걸 해냈다'라며 칭찬했죠.

이후 재희는 어떻게 됐을까요? 지속적인 칭찬과 격려에 힘입어 아침 독서를 자신만의 습관으로 만들 수 있었답니다. 이처럼 교사와 학부모가 관심과 주의를 기울여 아이의 작은 변화를 제대로 알아주는 것이 중요합니다. 이때 가장 유용한 도구는 데일리 리포트이고요.

정말 사소해 보이는 변화들도 일단 캐치하는 것이 좋습니다. 어른에게는 별것 아닌 듯 보여도 아이는 정말 큰맘을 먹고 행동한 것일 수도 있거든요. 글씨체가 약간 좋아졌다든지, 자기 계발 시간이 약간 늘었다든지, 평소에는 독서를 하나도 안 했는데 어제 독서를 10분 했다든지 말이죠. 저는 사소한 변화 캐치 후의 세심한 칭찬으로 이후 글씨체가 훨씬 좋아지거나, 자기 계발 시간이 눈에 띄게 늘거나, 독서 시간이 비약적으로 증가한 경우를 그동안 많이 봐 왔습니다. 교사와 학부모의 따뜻한 관심과 세심한 칭찬이 아이를 변하게 만드는 것이죠.

그렇다면 아무리 데일리 리포트를 자세히 봐도 아이에게 아무런 변화가 없다면 칭찬은 어떻게 하는 것이 좋을까요? 그때는 칭찬을 안 하는 것이 좋습니다. 게임에 비유해 보겠습니다. 내 캐릭터가 아직 보스를 쓰러트리기는커녕 부하 괴물들도 잡지 않았는데 보상이 들어온다면 기분이 어떨까요?

처음에는 기분이 좋겠죠. 아무런 노력 없이 공짜로 보상받았으니까요. 하지만 이러한 상황이 계속 반복된다면 어떻게 될까요? 재미있는 도전과 성취가 없기에 우리는 그 게임에 흥미를 잃게 될 확률이 높을 것입니다. 따라서 칭찬은 레벨업을 알리는 음악이 나왔을 때, 즉 아이의 수준이 올라갔을 때 하는 것이 가장 좋습니다.

그럼 이런 경우에는 어떻게 하는 게 좋을까요?

반에 △△라는 모범생이 있습니다. 이 아이의 하루는 데일리 리포트를 쓴 첫날부터 다른 아이들에 비해 알찼습니다. 매일 아침 30분씩 독서하고, 학원을 마치고 집에서도 항상 2시간 정도 자습했습니다. 잠도 하루에 8시간 이상 잘 자고요. 데일리 리포트를 쓴 지 일주일이 지났지만 생활이 크게 변한 건 없습니다.

반면 ▲▲ 학생은 누가 봐도 하루가 엉망입니다. 이 아이가 데일리 리포트를 쓴 첫날, 선생님은 깜짝 놀라고 말았죠. 학교생활을 빼면 ▲▲이의 하루는 스마트폰 게임하는 시간으로 가득 차 있었습니다. 그랬던 아이가 선생님의 조언을 듣고 약간 변했습니다. 자기 전에 10분 독서를 한 것이죠.

여러분들이라면 두 학생에게 어떻게 피드백을 주실 건가요? 저의 경우, △△ 학생에게는 칭찬을 하지 않습니다. 물론 △△ 학생의 평소 생활 습관이 괜찮긴 하지만 그동안 아무런 변화가 없었기 때문이죠. 게임으로 치면 현재 레벨은 매우 높지만, 지난 일주일 동안 레벨업을 한 번도 하지 못한 상태입니다.

반면 저는 ▲▲ 학생에게는 칭찬을 듬뿍 해 줍니다. 매일 스마트폰 중독으로 독서 한 번 하지 않던 아이가 자기 전에 10분 독서를 했다는 것은 대단한 변화죠. 게임으로 치면 레벨은 매우 낮지만, 어쨌든 레벨업을 한 상태입니다. 10분 독서가 주는 경험치는 매우 적지만, ▲▲ 학생 같은 낮은 레벨에서는 충분히 레벨업을 할 만한 경험치입니다.

이처럼 저는 데일리 리포트를 보고 학생들에게 맞춤형 피드백을 줍니다. 만약 △△ 학생의 기준으로 ▲▲ 학생을 피드백했다면 어떻게 됐을까요? ▲▲ 학생은 단 한 번도 칭찬받지 못하고 그나마 있던 변화의 의지도 확 꺾였을 것입니다.

반대로 ▲▲ 학생의 기준으로 △△ 학생을 피드백했다면 어떻게 되었을까요? 별다른 변화도 보이지 않았는데 듬뿍 칭찬을 받았으니 매우 오만해졌을 수 있습니다. 그 결과, 이후에는 선생님의 칭찬에 대한 진정성을 의심하게 되었겠죠.

지금까지 아이에게 칭찬하는 구체적 방법에 대해 알아보았습니다. 앞서 '선 칭찬 후 조언'이라고 말씀드린 부분이 기억나시죠? 이번에는 조언하는 방법에 대해 살펴보도록 하겠습니다.

조언에는 직접적인 조언과 간접적인 조언이 있습니다. 저는 주로 아이들이 직접 얻기 힘든 지식을 주거나 당장 행동 수정이 필요할 경우에는 직접적 조언을 하고 그 외에는 간접적인 조언을 합니다.

직접 조언은 말 그대로 아이에게 필요하다고 생각되는 조언을 바로 직접적으로 제시해 주는 것을 말합니다. 주로 아이가 메타인지 능력이 낮은 경우나 간접적인 조언을 해도 스스로 해결책을 잘 찾아내지 못할 경우에 하는 편입니다. 하지만 아이들의 문제 해결력과 메타인지 능력을 향상시키기 위해 초등학교 고학년의 경우에는 웬만하면 간접 조언을 하는 것이 좋습니다. 물론 저학년은 직접 조언과 간접 조언의 병행이 필요합니다.

간접 조언은 해결책을 직접적으로 제시하기보다는 열린 질문을 통해 아이들이 스스로 해결책을 찾아낼 수 있도록 돕는 것입니다. 제가 주로 아이들에게 하는 열린 질문은 다음과 같습니다.

"이것이 네가 할 수 있는 가장 좋은 방법이었니?"
"결과에 만족하니?"
"잘한 건 무엇이고, 부족한 부분은 무엇이었니?"
"이 부분은 어떻게 개선하면 좋을까?"
"선생님(부모님)이 어떤 점을 도와주면 좋겠니?"

"이번 달은 100점 만점에 몇 점 정도 된다고 생각하니?"

"그렇게 생각하는 이유는 무엇 때문이니?"

"저번에 배운 습관 형성 메커니즘을 여기에 어떻게 적용할 수 있을까?"

저는 주로 온라인 학급 과제방의 댓글을 통해 아이들에게 간접 조언을 하고, 다음 날 데일리 리포트에 자신이 생각한 개선점을 반영해 오도록 합니다.

사실 데일리 리포트를 통해 아이들의 하루를 보면 조언하고 싶은 것들이 한두 가지가 아닙니다. 이것도 바꿔 주고 싶고, 저것도 바꿔 주고 싶고 자꾸 여러 조언을 하고 싶은 욕심이 생기죠. 하지만 그럴수록 내려놓아야 합니다. 아이는 어른이 아니라 아이니까요. 어른 욕심에 현재 아이의 수준에 하기 힘든 것을 시킨다면 아이들은 스스로에 대한 통제력을 잃었다고 생각하고 무기력에 빠질 수 있습니다. 가르침을 줄여야 배움이 일어나고 스스로 공부하는 법을 익힐 수 있습니다. 조금 늦고 서툴러 보이더라도 아이의 템포에 맞춰 주세요.

그러기 위해서는 우선 현재 우리 아이의 능력이 어느 정도인지 먼저 파악하는 게 중요합니다. 그리고 아이가 할 수 있는 수준 안에서 성공을 경험하게 한 다음, 천천히 난이도와 양을 늘려 가는 것이 좋습니다. 그리고 웬만하면 아이 스스로 해결책을 찾을 수 있도록 기다려 주세요. 그럼 구체적인 피드백 사례를 한 번 살펴볼까요?

피드백 실전 사례 1

M 학생의 데일리 리포트

평소 M 학생의 상태: 학업 수준은 중간 정도이고 변하고자 하는 의지가 있음. 모든 일에 열정적이고 최선을 다함. 전날 잠을 일찍 자는 것이 좋을 것 같다는 피드백을 받았고, 일주일 전에는 하루 중에 독서 시간을 가지면 좋을 것 같다는 피드백을 받고 일주일째 독서 습관 유지 중임.

선생님의 피드백

어제 선생님이 일찍 자면 좋을 것 같다고 피드백을 줬는데 바로 실천했네! 정말 멋지다. 잠을 충분히 자는 만큼 키도 쑥쑥 클 거야. 독서 습관도 여전히 잘 유지하고 있구나! 쉬는 시간에 책을 읽는다는 생각도 정말 좋은 거 같아. 그런데 이날은 낮잠을 꽤 많이 잤네? 못한 점에도 낮잠을 많이 잤다고 적었는데, 어떻게 하면 낮잠 시간을 줄여 볼 수 있을까?

→ 다음 날 M 학생은 낮잠 시간을 줄이기 위해 알람 설정이라는 해결책을 가져옴

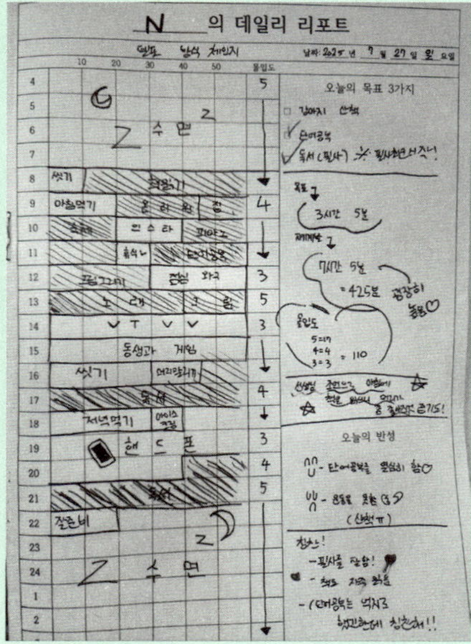

N 학생의 데일리 리포트

평소 N 학생의 상태: 학업 수준은 상이고 적극적인 편임. 여름방학이 시작된 지 2주 지난 시점이고, 방학 1달 전에 아침 독서를 하는 게 좋을 것 같다는 피드백을 받아 유지 중임. 이날 운동하기가 목표였으나 달성하지 못함.

선생님의 피드백

여름방학인데도 불구하고 생활 패턴이 정말 괜찮은데? 선생님이 전에 얘기했던 아침 책 읽기도 계속 하고 있고 멋지다! 독서 필사하는 아이디어도 너무 좋은데? 운동 목표를 달성하지 못해서 좀 아쉽겠네. 어떻게 하면 운동을 꾸준하게 할 수 있을까?

→ 다음 날 아침에는 스트레칭, 저녁에는 산책이라는 개선책을 반영함. 독서 습관도 그대로 유지함.

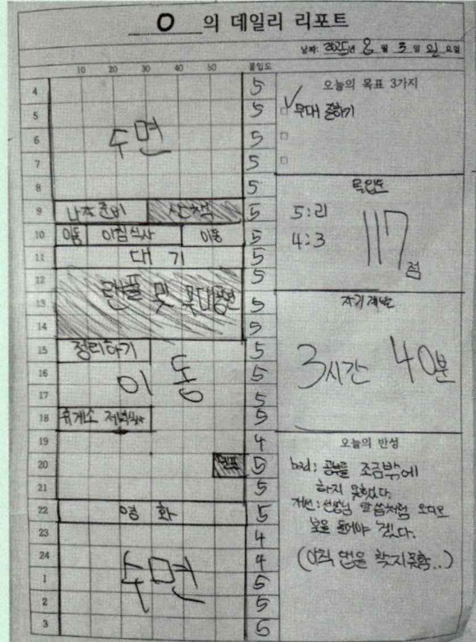

O 학생의 데일리 리포트

평소 O 학생의 상태: 학업 수준은 중상이며, 활발하고 적극적인 성격임. 학업, 운동, 노래, 춤 등 다재다능하고 뭐든 배우고자 하는 호기심과 욕심이 있음. 유튜브 크리에이터 활동을 하고 있으며 관련 활동으로 주말마다 서울로 올라가서 무대 공연을 함. 차 이동 시간을 아까워해서, 일주일 전에 오디오북 듣는 것을 추천함.

선생님의 피드백

이번에도 고생이 많았어. 대기 시간이 1시간이라니 정말 고생했겠다. 이동 시간도 엄청난걸? 중간에 데일리 리포트도 작성했구나! 오디오북은 선생님의 경우에는 ○○을 쓰는데, 유튜브에도 괜찮은 동화책 오디오북들이 꽤 있더라고. 한번 찾아보면 좋을 거 같아.

→ 이후 O 학생은 부모님과 의논하여 유료 오디오북 사이트를 구독함. 이후로 이동 시간에 항상 오디오북을 듣게 됨.

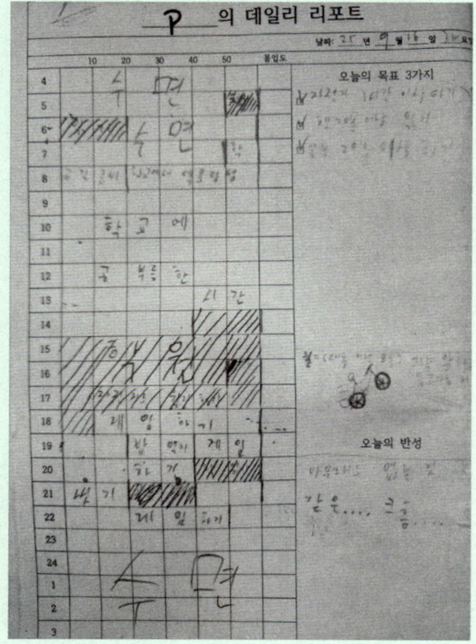

P 학생의 데일리 리포트

평소 P 학생의 상태: 학업 수준은 중하이고 평소에 학습 습관이 그다지 좋지 않았음. 데일리 리포트를 작성하기 전에는 학원에 가는 것을 제외하고는 자기 계발 시간이 전혀 없었음. 하루 독서와 자습을 각각 10분씩 하는 것을 시작으로 조금씩 목표를 늘려 가는 중. 다른 친구들에 비해 목표량은 적지만 지난 2달 동안 한 번도 빼먹지 않고 목표를 달성함. 현재 꽤 성취감을 느끼고 있는 상태.

선생님의 피드백

와, 요즘 정말 멋진데? 목표를 단 하루도 빼먹지 않고 이렇게 꾸준하게 실천하고 있는 학생은 네가 우리 반에서 유일해! 선생님이 봤을 때 이제 다음 단계로 나아갈 준비가 된 거 같아. 앞으로는 독서랑 자습을 하루 30분씩 해 보는 건 어떨까?

→ 이후 P 학생은 독서와 자습 목표를 하루 20분에서 30분으로 수정함. 이렇게 서서히 목표량을 늘려, 학기 말 즈음에는 1시간 10분까지 독서와 자습 시간을 늘림.

지금까지 실제 학생이 작성한 데일리 리포트를 가지고 구체적인 피드백을 실천한 사례를 살펴보았는데요. 다음 섹션에서는 데일리 리포트 같은 새로운 교육 활동을 학교에서 처음 실행할 때, 교사 입장에서 학부모님을 어떻게 설득할 수 있을지 일화와 함께 살펴보도록 하겠습니다.

원활한 활동을 위한 학부모 설득법

2020년 2학기 중반, 저희 반의 학생 한 명이 제게 상담 신청을 했습니다.

"선생님, 저희 집에서는 제가 데일리 리포트를 쓰는 걸 좋아하질 않아요. 아빠는 왜 그런 걸 계속 쓰냐고 앞으로는 쓰지 말라고 하고, 엄마는 집에서 피아노 치는 게 뭐가 자기 계발이냐고 하고… 저는 제 나름대로 스스로를 위해서 열심히 하고 있다고 생각하는데 부모님이 그걸 알아주지 않으셔서 너무 속상하고 힘들어요. 선생님, 어떻게 하면 좋을까요?"

"흠… 아빠는 왜 데일리 리포트를 쓰지 말라고 하시는 걸까?"

"제 생각에는 제가 자기 계발한다고 매일 저녁 시간에 밥만 먹고 제

방에 들어가서인 것 같아요. 가족들이랑 시간 안 보내고 계속 혼자 있는다고 몇 번 혼난 적이 있거든요."

"아, 그랬구나…. 물론 자기 계발도 중요하지만, 가족들이랑 함께하는 시간도 정말로 중요해. 부모님이 서운함을 느끼셨을 수도 있을 것 같아. 앞으로는 가족들이랑 시간도 자주 보냈으면 좋겠어. 특히 저녁 먹고 나서는 바로 방으로 안 가고 최소한 30분 이상은 가족들이랑 함께 시간을 보내는 건 어때?"

"네… 노력해 볼게요."

"그리고 자기 계발 시간이나 데일리 리포트에 대한 설명은 선생님이 부모님이랑 한번 통화하면서 말씀드려 볼게."

다음 날, 학생의 어머니와 바로 통화를 했습니다. 활동의 자초지종과 함께 데일리 리포트에 관한 설명을 드렸습니다.

"어머니, 제가 아이들에게 학교 공부뿐만 아니라 독서, 악기 연주, 명상, 글쓰기, 미술 등 인생을 행복하게 살아가는 데 도움이 되는 다른 활동도 자기 계발에 포함이 된다고 이야기했거든요. 지금 제가 운영하고 있는 데일리 리포트 쓰기 활동은 단순히 학습 시간을 늘리는 것만이 목적이 아닙니다. 아이들이 하루를 돌아보고 스스로 계획하고 실행함으로써, 자기통제감을 가지고 즐겁게 삶을 살아갈 수 있도록 돕는 활동이에요. 제 말을 듣고 아이 나름대로 원래라면 놀 시간에

피아노 연습을 했던 건데, 부모님에게 그 모습을 인정받지 못해서 너무 슬펐다고 해요."

"아이고, 선생님… 그런 사연이 있었군요. 저는 무심결에 얘기했을 뿐인데, 아이가 상처받았을 줄은 몰랐네요. 제가 한번 얘기를 잘 해 볼게요. 사실 저랑 남편은 애가 매일 뭐를 열심히 쓰길래 그냥 친구들이랑 같이 다이어리 꾸미고 논다고 생각했거든요. 그게 뭔지도 잘 몰랐어요. 데일리 리포트라고 하시니 저도 어디서 들어본 거 같아요. 메타인지랑 자기주도학습에 관련된 기록법 맞죠?"

"네, 맞아요!"

"아, 이제 아이 보고 열심히 쓰라고 격려해야겠네요. 좋은 교육법 알려 주셔서 감사합니다."

이 일 이후로 저는 학부모님과의 소통이 얼마나 중요한지를 절감했습니다. 아이들이 학교를 마치고 집에 가서 여러 가지 이야기를 전하긴 하지만, 그렇다고 해도 부모님이 교실에서 일어나는 일들을 전부 알기는 힘듭니다. 학교에서의 일을 잘 얘기하지 않는 아이들도 있고요.

특히 데일리 리포트처럼 새로운 활동의 경우에는 아이들의 특성상 일부 왜곡된 시선으로 정보가 전달될 가능성이 있습니다. 그래서 이후로는 새로운 교육 활동에 관해 안내장이나 알림장을 통해 학부모님들께 반드시 설명하는 습관을 갖기로 했습니다.

새로운 교육 활동을 할 때마다 학부모님들께 그 내용과 취지, 방법 등을 자세하게 설명해 드리자 더 이상의 오해는 사라졌습니다. 그리고 이후로는 오히려 매우 긍정적인 반응을 보여 주셨습니다.

"여러 가지로 신경 써 주셔서 감사합니다! 집에서도 노력해 볼게요."

"자기 성찰과 계발, 동기부여, 그리고 메타인지 능력 상승에도 많은 도움이 될 것 같습니다. 필요한 자료를 소개해 주시고 제공해 주셔서 감사합니다."

"선생님, 좋은 내용과 가르침 감사합니다. 어젯밤에 곰곰이 생각하며 쓰는 아이의 모습을 보니 기특하더라고요."

친절하게 설명드리니 오해가 풀리고 학부모님들의 응원도 받을 수 있었으며, 열심히 학급을 운영하고 있다는 신뢰도 얻는 등 일석 삼조의 효과를 누릴 수 있었습니다. 다음은 데일리 리포트 활동을 시작할 때, 학부모님들에게 전달할 수 있는 안내문의 예시입니다.

안녕하세요! 항상 우리 아이들의 성장을 위해 관심과 사랑을 보내 주시는 학부모님들께 진심으로 감사드립니다. 이번 학기부터 아이들과 함께 데일리 리포트 활동을 시작하게 되어 안내드립니다.

★ **데일리 리포트는 무엇인가요?**

데일리 리포트는 아이들이 매일 하루를 마무리하며 자신이 한 일과 그에 대한 반성을 기록하는 활동입니다. 그날 반성을 하고 다음 날 행동 수정을 통해 하루하루 성장할 수 있게 만드는 도구입니다.

★ **왜 데일리 리포트를 시작할까요?**

1. 하루를 정리하는 좋은 습관 만들기
매일 잠들기 전 오늘 하루를 되돌아보며 의미 있는 마무리 시간을 갖게 됩니다.

2. 메타인지 능력(나 자신을 객관적으로 바라볼 수 있는 능력) 향상
반성을 하고 자신의 행동을 수정하는 과정에서 메타인지 능력이 키워지게 됩니다.

3. 자기주도학습 능력 향상
스스로 계획, 반성, 행동을 통해 자기통제감을 가지고, 스스로 학습할 수 있는 능력을 갖출 수 있습니다.

4. 스스로 생각하는 힘 향상
오늘 무엇을 배웠는지, 어떤 점이 좋았는지 스스로 찾아보는 능력을 키울 수 있습니다.

★ 이렇게 진행할 예정입니다!

– 언제: 매일 저녁, 하루 마무리할 때

– 얼마나: 10~15분

– 무엇을: 오늘 한 일 / 집중도 / 잘한 점 / 개선해야 할 점 / 내일 목표 3가지

– 확인: 매일 선생님이 읽고 학급 과제방을 통해 응원 메시지를 써 줍니다.

★ 학부모님께 부탁드려요!

글씨나 맞춤법보다는 아이의 마음과 생각에 더 관심을 보여 주세요. "와, 오늘 하루 정말 열심히 보냈구나", "정말 멋진 개선 방법인걸?" 같은 칭찬과 격려가 아이에게 큰 힘이 됩니다.

우리 아이들은 부모님과 선생님 같은 주변 어른들을 보고 자랍니다. 어른들의 거울이라고 할 수 있죠. 최고의 교육은 모델링이라는 말도 있습니다. 그래서 부모님들께 제안합니다. 아이들과 함께 데일리 리포트를 같이 써 보시는 건 어떨까요? 저 또한 아이들과 함께 매일 데일리 리포트를 쓰고 있습니다.

★ 함께 만들어 가요!

데일리 리포트를 통해 우리 아이들이 하루하루를 더 소중히 여기고, 인생을 즐겁게 만들어 가는 아이로 성장하기를 바랍니다. 처음에는 어색할 수 있지만, 차근차근 함께 도와주시면 분명 멋진 변화를 보실 수 있을 거예요.

항상 우리 아이들을 믿고 응원해 주셔서 감사합니다. 궁금한 것이 있으시면 언제든 말씀해 주세요!

○○○○년 ○월 ○일

○○초등학교 ○학년 ○반 담임교사 ○○○ 드림

효과적인 온·오프라인 도구 활용법

저학년용 데일리 리포트

저학년(1~3학년) 학생들은 고학년 선배들과 메타인지 능력, 시간 감각, 자기주도학습 능력 등이 확연하게 차이가 납니다. 이러한 저학년 학생들의 수준에 맞춰 사용할 수 있는 데일리 리포트 학습지를 소개합니다.

저학년용 데일리 리포트 학습지는 오늘 한 일에 대한 반성(잘한 점, 아쉬운 점, 개선할 점)에 초점을 맞춘 문항들로 구성되어 있습니다. 활동 초기에는 아이와 부모님이 함께 매일 저녁 5~10분 정도 활동을 진행하는 것이 좋습니다.

아이는 오늘 있었던 일을 기록하면서 일상 회고 능력을 기를 수 있습니다. 잘한 일을 떠올리며 긍정적 자아와 자신감을 가질 수 있고, 아쉬웠던 일을 떠올리며 실수를 돌아보고 그것을 개선하는 과정에서 메타인지 능력을 기를 수 있습니다. 또한 내일 어떤 하루를 보내고 싶은지 떠올리며 미래를 계획하는 습관을 기를 수 있습니다. 아울러 부모님이나 선생님이 해 주는 따뜻한 피드백을 통해 아이는 정서적 유대감을 느낄 수 있습니다.

아이가 처음에는 "뭘 써야 할지 모르겠어요"라고 할 수 있습니다. 이때는 "오늘 가장 재미있었던 일이 뭐야?", "새로 배운 것 중에 신기했던 게 있어?" 같은 질문으로 대화를 나누어 주시면 큰 도움이 됩니다.

글로 쓰기 힘들어하는 아이는 그림이나 말로 표현해도 좋습니다. 완벽한 글을 쓰게 하려고 하지 말고, 아이가 부담 갖지 않고 편안하게 생각을 표현할 수 있도록 격려해 주세요. 맞춤법이나 글씨보다는 아이의 생각과 느낌에 관심을 보여 주시면 됩니다.

오늘 하루를 돌아봐요

○학년 ○반 ○번 ○○○

1. 오늘 있었던 일을 적어 보세요. 그려 봐도 좋아요.

2. 오늘 내가 잘한 일은 무엇이었나요?

3. 오늘 내가 아쉬웠던 일은 무엇이었나요?

4. 내가 다시 그 순간으로 돌아간다면 어떻게 할까요?

5. 내일은 어떤 하루를 보내고 싶나요?

6. 부모님이 해 주는 이야기

어떤 행동을 하기 위해서는 반드시 시간이 필요합니다. 마찬가지로 습관을 만들기 위해서는 습관 행동을 하기 위한 시간이 필요합니다. 이때 습관이 잘 형성되기 위해서는 매일 일정한 시간에 그 행동을 반복하는 것이 좋은데요. 이 과정을 돕는 습관 만들기 워크시트를 살펴보도록 하겠습니다.

1, 2번 문항은 하루 24시간을 기준으로 내가 언제, 얼마 동안 시간을 사용할 수 있는지, 가용 시간의 양과 시간대를 알아보는 활동입니다. 이를 바탕으로 하루 목표와 만들고 싶은 습관을 합리적으로 정할 수 있습니다.

3, 4번 문항은 만들고 싶은 습관을 정하는 활동입니다. 보통 습관 하나가 형성되는 데 66일 정도의 시간이 걸린다고 하는데요. 이때 여러 개의 습관을 동시에 만들기보다는 1~3개 정도의 습관들을 먼저 만들고 나서 그다음에 다른 습관들을 만드는 것이 좋다고 합니다. 만들고 싶은 습관이 가용 시간을 벗어날 만큼 많거나 너무 어려운 경우에는 습관의 개수나 난이도를 줄이는 것이 좋습니다.

5번 문항은 만들기로 정한 습관을 실제로 실천하면서 데일리 리포트에 기록하는 활동입니다. 이때 동기부여를 위해 하루 목표에 습관 1일 차, 2일 차 같은 식으로 며칠 동안 이 습관을 유지했는지 적어 두는 것을 추천합니다.

______________의 습관 만들기

결심한 날짜: ______년______월______일______요일

	10	20	30	40	50
4					
5					
6					
7					
8					
9					
10					
11					
12					
13					
14					
15					
16					
17					
18					
19					
20					
21					
22					
23					
24					
1					
2					
3					

1. 하루 중 자기 계발에 쓸 수 있는 시간을 색칠해 보세요.

2. 자기 계발에 쓸 수 있는 총시간은 얼마나 되나요?

3. 사용할 수 있는 시간을 고려하여 만들고 싶은 습관을 정해 보세요. (1~3가지 추천)

4. 만들기로 정한 습관을 시간표에 넣어 보세요. 매일 꾸준하게 실행할 수 있는 습관인가요? 그렇지 않다면 목표치를 조금만 줄여서 매일 꾸준히 실천할 수 있는 습관 목표를 정해 보세요.

5. 만들기로 정한 습관을 데일리 리포트 목표에 포함해 보세요.

◆ 보통 하나의 습관이 형성되는 데 걸리는 시간은 66일 전후라고 합니다. 좋은 습관을 만들기 위해서는 매일 꾸준히 실천하는 것이 좋다는 사실, 반드시 기억하세요!

앞서 우리의 시간과 에너지는 한정적이기 때문에 우선순위를 정하고 안 할 일 목록을 만들 필요가 있다고 했습니다. 그리고 어떤 생각이나 행위를 억제하려 하면 할수록 도리어 그 생각이나 행위를 멈출 수 없는 백곰 효과 때문에 안 할 일을 대체할 수 있는 대안을 찾는 것도 필요하다고 말씀드렸습니다. 이 활동지는 이 과정을 돕는 워크시트입니다.

우선순위 그래프를 봤을 때, 대부분 2, 3사분면에 속한 할 일들이 안 할 일 목록에 포함이 될 것입니다. 보통 이곳에 속하는 할 일들은 우리에게 즉시적인 보상, 도파민을 가져다주는 매력적인 것들입니다. 따라서 이를 대체하는 일도 그만큼 매력적이거나 쉬워야 대체 행동을 할 가능성이 커질 것입니다.

만약 기존에 습관으로 자리 잡힌 '하루 3시간 스마트폰 게임 시간'을 '공부 시간'으로 대체한다면 어떤 일이 생길까요? 아직 공부 습관이 제대로 잡혀 있지 않기 때문에 얼마 지나지 않아 다시 원래의 습관으로 되돌아갈 가능성이 큽니다. 그 과정에서 스스로와의 약속을 지키지 못한 자신을 자책하게 되고, 또다시 거창한 목표를 세우지만 실패할 확률이 높아집니다. 이러한 반복된 실패는 결국 자기효능감에도 큰 상처를 남기게 됩니다.

　　그렇다면 공부 대신 밖에서 친구들과 자전거 타기는 어떨까요? 만약 아이가 친구와 운동을 좋아한다면 스마트폰 게임 이상으로 아이에게 매력적인 선택지가 될 것입니다. 또한 교우 관계와 건강이 좋아지는 일석이조의 효과도 누릴 수 있습니다. 실제로 저희 반에도 스마트폰 중독을 운동으로 극복한 아이가 있습니다.

　　아니면 대체 행동을 좀 더 쉽게 만드는 방법도 있습니다. 게임 3시간을 공부 3시간으로 대체하는 대신, 20분은 공부를 하고 나머지 2시간 40분은 기존대로 게임을 하는 것입니다. 3시간에 비해 20분은 훨씬 적은 시간이기에 아이가 충분히 할 만하다고 느낄 수 있습니다. 일주일간 목표를 잘 달성했다면, 그다음 주에는 공부 시간을 10분 더 늘려 보고 게임 시간은 10분 더 줄이는 식으로 조금씩 새로운 대체 행동에 적응해 나가는 것이 중요합니다. 이처럼 작은 성공을 차곡차곡 쌓아 가는 방식이 습관 형성에도 훨씬 효과적입니다.

안 할 일 목록 만들고 대체하기

○학년 ○반 ○번 ○○○

안 할 일 목록	대체할 일 목록
예시) 저녁에 컴퓨터 게임하기	예시) 산책하며 동화책 오디오북으로 듣기

"얘들아, 지금부터 공부하는 습관을 만들어 두지 않으면 중학교, 고등학교 가서 학습에 적응하기가 정말 힘들 거야. 너희들이 작성한 데일리 리포트 봐 봐. 하루에 공부 시간은 1시간도 안 되는데 스마트폰 사용 시간은 3시간이 넘어가잖니? 지금과 같은 하루 일과가 10년 반복되었을 때 10년 후 너희들의 모습은 어떨까?"

이렇게 질문했을 때, 아이들의 반응은 어떨까요? 물론 심각함을 느끼는 아이들도 소수 있지만, 대부분은 상황의 심각성을 인지하지 못합니다. 직접 경험해 보지 않았기 때문이죠. "설마 뭐 엄청난 일이 일어나겠어? 어떻게든 되겠지." 이렇게 생각하며 막연한 낙관에 기대려는 모습을 보이기도 합니다. 그래서 저는 이러한 아이들의 모호한 생각들을 구체화시켜 주고자 생성형 AI를 활용해 아이가 10년 뒤에 어떤 모습이 될지 함께 예측해 보는 활동을 합니다.

우선 교사가 아이들의 나이와 학년, 하루 동안의 시간 활용이 담긴 데일리 리포트 내용을 바탕으로 프롬프트를 작성해 AI에 입력하고 10년 뒤의 모습은 어떨지 질문합니다. 그다음, 생성된 예측 내용을 출력해 아이들과 공유합니다.

예를 들어 한 아이의 하루를 기반으로 다음과 같이 프롬프트를 작성해 10년 뒤의 모습을 예측해 보겠습니다.

현재 당신은 11살입니다. 당신의 평일 일과 사용 시간은 다음과 같습니다.

- 8시간: 수면
- 아침 1시간: 독서
- 6시간: 학교
- 2시간: 학원
- 1시간: 운동
- 저녁 1시간: 독서
- 2시간: 자습(공부)
- 1시간 30분: 식사 시간 및 기타 등등
- 1시간 30분: 자유 시간(휴대폰, 게임)

주말에는 학교, 학원에 가는 시간에 가족들과 시간을 보내거나 독서를 하고, 나머지 활동은 비슷합니다. 그리고 학교, 학원에서의 학습 태도와 집중도는 상당히 좋은 편입니다. 하루를 이렇게 10년간 보낸다고 가정했을 때, 10년 뒤 당신의 모습은 어떻게 될까요?

이렇게 생성형 AI에게 질문을 하면 어떤 답변을 줄까요?

10년 후의 모습 (21살)	
분야	예상 모습
지식과 표현력	매일 아침과 저녁 1시간씩 독서를 했다면, 10년 동안 약 7,300시간 이상 책을 읽은 거야. 다양한 분야의 지식을 갖추고 있고, 말과 글로 정확하게 생각을 표현하는 능력이 뛰어나. 토론, 발표, 글쓰기에서 탁월한 실력을 발휘할 수 있어.

▶▶

▶▶

학습 능력과 성취도	자습 2시간, 학원 2시간, 학교 6시간을 집중해서 보낸다면, 누구보다 탄탄한 학습 기반을 쌓을 수 있어. 이미 고등학교 때부터 상위권이었을 가능성이 높고, 원하는 대학과 전공에 도전해서 좋은 결과를 얻었을 거야.
건강과 체력	하루 1시간씩 운동을 10년간 꾸준히 해 온 사람은 체력, 면역력, 집중력이 모두 뛰어나. 장시간 공부하거나 일을 해도 쉽게 지치지 않고, 건강한 라이프스타일이 몸에 배어 있을 거야.
자기관리 능력	규칙적인 일과와 시간 배분 덕분에 시간을 스스로 관리하고 계획하는 습관이 자연스럽게 생겼어. 그래서 대학에 가거나 직장 생활을 해도 혼자서도 효율적으로 살아갈 수 있는 힘을 가졌을 거야.
정서와 인간관계	주말에 가족과 시간을 보내고, 평소에도 스트레스를 자유 시간으로 잘 조절해 왔기 때문에 정서적으로 안정된 사람으로 자라났어. 친구, 선후배, 동료와도 따뜻하고 성숙한 관계를 맺는 사람일 거야.
진로와 인생 방향	다양한 책을 읽고, 꾸준히 스스로를 돌아본 덕분에 내가 좋아하는 일, 잘하는 일을 찾아 가며 준비해 온 사람이야. 이미 자신만의 진로 방향이 어느 정도 잡혀 있고, 대학에서도 그걸 실현하기 위해 열심히 달리고 있겠지.

위 예시와 같이 지식, 건강, 자기관리, 정서 등 항목별로 미래의 구체적인 모습을 상세하게 그려 줍니다. 이런 결과물을 받은 아이의 기분은 어떨까요? 하루하루를 열심히 보내면 막연하게 잘될 것이라는 느낌을 가졌을 때와는 다르게 앞으로 꾸준하게 성장할 수 있다는 확신과 자신감이 생길 것입니다.

반면 대부분의 시간을 스마트폰을 만지며 보내는 아이의 하루를 기반으로 프롬프트를 작성해 본다면 어떻게 될까요? 가상의 사례를 넣어 결과를 확인해 보았습니다.

이 가상의 사례에 대해 생성형 AI는 10년 뒤 모습에서 걱정되는 부분들을 학습, 신체 건강, 인간관계 등으로 세세하게 분석해 주었습니다.

10년 후의 모습 (21살)	
분야	**예상 모습**
학습 능력	공부 시간이 적고 독서를 거의 하지 않아서 기초 학력이 부족할 수 있어. 고등학교나 대학에서도 수업을 따라가기 힘들거나 자신감이 점점 떨어질 수 있어.
시간 관리 습관	하루 대부분을 게임과 휴대폰에 쓰는 습관은 계획 없이 시간을 보내는 삶으로 이어지기 쉬워. 해야 할 일을 미루거나 포기하는 경우도 많아질 수 있어.
감정 조절·인간관계	대부분 혼자 게임을 하면서 지내다 보면, 다른 사람과 소통하는 능력이나 공감 능력이 떨어질 수 있어. 친구, 선배, 직장 동료와의 관계에서 어려움을 겪을 수 있어.
신체 건강	운동을 거의 하지 않고 앉아서만 지내면 체력, 자세, 시력, 비만 문제 등이 생길 수 있어. 집중력도 약해지고 피로도 쉽게 느끼는 몸이 될 수 있어.
미래 준비 부족	게임은 재미있지만, 그것만으로는 진로를 찾기 어려워. 나중에 뭔가를 시작하려고 해도 "내가 뭘 좋아하는지도 모르겠고, 잘하는 것도 없어"라는 생각에 불안감이 커질 수 있어.

→ 하지만, 아직 늦지 않았어!

게임을 좋아하는 것도 나쁜 게 아니야. 문제는 '게임만' 하는 거야.

지금처럼 8시간을 다 게임에 쓰는 대신, 하루 1~2시간만 다른 활동(책, 운동, 공부, 가족과의 시간)으로 바꿔도 10년 후 너의 모습은 완전히 달라질 수 있어.

→ 만약 지금부터 조금씩 바꾼다면?

새로운 습관	기대되는 변화
하루 30분 독서	어휘력, 표현력, 집중력 향상! 생각이 깊어져.
하루 30분 자습	기초 학력이 탄탄해지고 자신감이 생겨.
하루 30분 운동	체력과 면역력 향상! 정신 건강도 좋아져.
게임 시간 줄이기	더 많은 경험과 취미를 가질 수 있어.

미래와 스스로에 대한 고민 없이 하루 종일 게임과 SNS에만 빠져 있던 아이가 생성형 AI의 현실적인 피드백을 받는다면 어떻게 반응할까요? 대부분 깜짝 놀라며 현재 자신의 생활 패턴이 이렇게 심각할 줄은 몰랐다는 반응을 보입니다. "선생님, 뭐부터 바꾸면 될까요?" 하고 전보다 훨씬 적극적으로 변화에 임하기도 합니다. 이 과정을 통해 아이들은 자신의 진로, 관심 분야, 강점 등을 더 현실적으로 이해하게 되고, 자신의 하루와 인생을 구체적으로 설계해 나가는 힘을 기를 수 있습니다.

데일리 리포트 도입을 어렵게 하는 요인들

교실에서 데일리 리포트 도입을 어렵게 하는 요인에는 크게 두 가지가 있습니다. 첫 번째는 자극에 길들여져 있는 아이들입니다. 유튜브, 인스타, 틱톡 등 각종 SNS가 주는 즉시적 보상과 자극에 길들여진 요즘 아이들은 오랜 시간 집중하며 끈기 있게 활동하는 것을 매우 어려워합니다. 유튜브 영상조차도 짧은 쇼츠 콘텐츠를 선호하고, 긴 영상을 보더라도 빨리감기를 하거나 건너뛰기를 하면서 보는 경우가 많을 정도입니다. 이러한 특성을 가진 아이들에게 매일 꾸준하게 데일리 리포트를 쓰는 것은 매우 힘든 일입니다. 따라서 앞서 언급했듯이 마치 게임과 같은 보상 체계를 갖춘 학급 시스템이나 칭찬과 격려, 관심 등이 필요합니다.

두 번째는 초기에 교사의 노력과 에너지가 꽤 많이 필요하다는 점

입니다. 매일 스무 명 넘는 아이들의 하루를 꼼꼼히 살피고, 각자의 특성에 맞는 맞춤형 피드백을 주는 것은 결코 쉬운 일이 아닙니다. 또한 데일리 리포트 기록 습관을 처음부터 잘 정착시키기 위해서도 상당한 시간과 정성이 필요하지요.

하지만 너무 걱정하지 않으셔도 됩니다. 딱 한 달만 지나면 교사도 아이도 자연스럽게 이 시스템에 적응하게 됩니다. 데일리 리포트를 몇 번만 살펴보면 아이들의 생활 패턴이 머릿속에 그려지기 시작하고, 작은 변화도 금세 눈에 띄게 됩니다. 체감상으로는 시스템 초반에 들였던 에너지의 1/3 정도만으로도 운영이 가능해집니다.

게다가 이렇게 쌓인 정보들은 학생 상담이나 학부모와의 소통, 맞춤형 학생 지도에 큰 도움이 됩니다. 단기적으로 보면 힘이 들 수 있지만, 장기적으로 보았을 때 아이들과 우리 학급을 세심하게 케어하는 데 이보다 더 좋은 도구는 없다고 자신 있게 말씀드릴 수 있습니다.

지금까지 우리 아이들의 데일리 리포트 기록 습관 정착을 위한 현실 운영 가이드를 살펴보았는데요. 다음 장에서는 데일리 리포트 기록이 교실 안팎에 어떤 변화를 불러일으켰는지 실제 사례를 소개하도록 하겠습니다.

4장

기록이 불러온
교실 안팎의 변화

악동을 모범생으로 바꾼 기록의 힘

"와! 남자 선생님이다!!! 예~~~~~~!"

다문화 가정 자녀가 절반 이상인 재외한국학교에 5학년 담임 교사로 처음 부임했을 때, 유독 저를 반겨 준 한 남학생이 있었습니다. 자그마한 키에 귀여운 얼굴을 한 지환이(가명)는 앳된 외모와는 다르게 학교에서 유명한 악동이었습니다. 자기주장이 세고 상대에 대한 배려심이 적어 친구들과 자주 다퉜고, 의자를 들썩거리거나 딴짓을 하는 등 수업 시간에도 집중을 하지 못하는 모습을 보였습니다. 그런 악동 이미지가 오랫동안 지속되어서 그랬던 걸까요? 지환이에 대한 선생님, 친구 등 주변 사람들의 기대치는 매우 낮았습니다.

"지환이요? 좀 문제가 많은 학생이죠. 수업 태도도 안 좋고, 무엇보다 친구 관계가 안 좋아요. 매일 애들이랑 싸워요."

"선생님, 애는 원래 이래요. 작년에도 수업 시간에 집중 안 하고 계속 딴짓만 했어요."

하지만 제 눈에 지환이는 아직 다듬어지지 않은 원석처럼 보였습니다. 지환이를 믿어 주는 누군가의 따뜻한 관심과 지지만 있다면, 충분히 좋은 모습으로 바뀔 수 있다고 생각했습니다. 수업 시간에 매우 적극적으로 참여하고, 학급에서 친구들과 사이좋게 지내며 행복해하는 지환이로 말이죠. 그렇게 지환이의 행복한 학교생활 만들기 프로젝트가 시작되었습니다.

《회복탄력성》의 저자 김주환 교수에 따르면, 진정한 행복의 핵심은 자신의 강점을 발견하고 그것을 발휘하며 살아가는 것이라고 합니다. 지환이의 행복한 학교생활을 바라며, 우선 지환이의 강점을 찾아보기로 했습니다.

개학한 지 2주 차 즈음인 3월, 지환이의 일기장을 보고 깜짝 놀랐습니다. 지환이는 다문화 가정이라 한국어 실력이 많이 부족함에도 불구하고 다양한 어휘들을 사용해 가며 생각을 표현하고 있었습니다. 반의 다른 다문화 가정 학생들의 경우 맞춤법이나 문법을 틀리는 것이 두려워 매번 비슷한 패턴과 주제로 일기를 쓰는 반면,

지환이는 틀리는 것에 대한 두려움 없이 자유롭게 생각을 표현했습니다.

가끔 지환이는 일기장을 통해 자신의 평소 이미지와 전혀 다른 모습을 보여 주기도 했습니다. 수업 시간에 '메멘토 모리'라는 단어를 듣고 난 후 죽음에 관한 생각을 진지하게 써 내려 간 글과 부모님에 대한 깊은 사랑이 담긴 일기를 읽으면서, 평소 장난꾸러기인 지환이에게 이렇게 사려 깊은 내면이 있다는 사실에 새삼 놀라게 되었습니다. 장난기 많은 모습 뒤에 숨겨져 있던 지환이의 진지한 면모를 엿볼 수 있었던 소중한 순간이었습니다.

저는 지환이가 새롭게 성장한 모습을 보일 때마다 반 친구들이 다 보는 자리에서 지환이를 칭찬했습니다.

"지환이가 어제 선생님이 말한 죽음에 대해서 일기를 썼는데, 너무 생각이 참신하고 멋져서 선생님이 한번 읽어 줄게요."

"틀리는 것이나 새로운 것을 두려워하지 않고 멋지게 자기 생각을 표현하는 지환이가 선생님은 정말 대단하다고 생각해."

지환이를 듬뿍 칭찬한 후에는 강점을 더욱 발휘할 수 있도록 새로운 방법을 제안했습니다.

"지환아, 책 읽을 때 모르는 단어가 나오잖아. 그때는 사전을 찾아보면 좋을 것 같아. 처음에는 좀 힘들더라도 계속 경험이 쌓이면 어휘력이 늘어서 나중에 사전을 찾는 횟수도 적어질 거야. 무엇보다 네가 일기를 쓰는 데 엄청 도움이 될 거야."

칭찬과 조언을 받은 지환이는 더 업그레이드된 글쓰기로 저를 깜짝깜짝 놀라게 했습니다. 기록을 좋아하는 아이라서 그런지 지환이는 학기 초부터 시작한 데일리 리포트 작성에도 흥미를 보였는데요, 아직 서투른 한글 실력이지만 꾸준하게 데일리 리포트를 써 왔습니다.

"선생님, 어제는 제가 우리 반에서 자기 계발 시간 1등이었어요! 이번 주에 1등을 3번이나 했어요! 지금은 제가 제일 공부 열심히 하고 있어요!"

"와~ 지환이 대단한데? 멋지다. 지환이 공부 시간이 엄청 늘었네!"

그동안 반에서 성적 하위권에 위치했던 지환이는 학습된 무기력에 갇혀 있었습니다. 하지만 과거의 성적이 아닌 오늘 하루에 집중하는 데일리 리포트를 쓰고 나서부터는 학습된 무기력에서 벗어날 수 있었습니다. 매일 데일리 리포트를 작성하며 스스로를 되돌아보고 생각하는 시간이 많아졌고, 매일 목표를 세우고 한 일을 평가하는 습관을 갖게 되었습니다. 무엇보다 하루를 열심히 보낸 후 작성한 데일리 리포트를 바라보면, 오늘 하루만큼은 그 누구보다 잘 보냈다는 생각에 뿌듯함이 몰려온다고 했습니다.

당시 저는 저희 반 10명의 아이들에게 한 달 누적 자기 계발 시간이 4등 안에 드는 학생은 '주말에 선생님 집에서 놀기'라는 보상을 걸었는데요. 지환이는 저와 함께한 2년 동안 대부분 순위권에 들었습니다. 그 사이 지환이는 다음과 같은 큰 변화와 성장을 했습니다.

첫째, 학업 성적이 눈에 띄게 좋아졌습니다. 그동안 지환이의 학업 성적은 하위권이었습니다. 하지만 2학기에 들어서 성적이 중상위권으로 급상승했습니다. 특히 수학의 경우, 반의 1인 1역에서 항상 수학 선생님을 맡을 만큼 일취월장한 모습을 보였습니다. 수학을 필두로 다른 과목의 성적까지 지속적으로 올랐습니다.

둘째, 이미지가 바뀌었습니다. 수업 시간에 장난만 치고, 친구들을 괴롭히던 악동 이미지에서 창의적이고 도전적이며 항상 열심히 노력하는 모범생의 이미지로 바뀌었습니다. 지환이의 이미지가 바뀌자, 놀랍게도 친구 관계 또한 자연스럽게 좋아졌습니다.

셋째, 지환이 스스로 성장의 재미를 느끼게 되었습니다. 공부를 못했던 자신이 공부를 잘하게 되고, 친구 관계가 안 좋았던 자신이 친구들과 잘 어울리게 되고, 무엇보다 이 모든 것들을 온전히 자신의 노력으로 이루어 냈으니 얼마나 스스로가 자랑스럽고 뿌듯했을까요?

지환이의 변화는 반의 다른 친구들에게까지 긍정적인 영향력을 끼쳤습니다.

"선생님, 지환이는 절대 안 바뀔 줄 알았는데 바뀌는 것 보고 충격받았어요. 저 진짜 이제 열심히 살 거예요."
"지환이를 보고 저도 달라질 수 있다는 걸 느꼈어요."

데일리 리포트와 지환이 덕분에 반에는 자기 계발 열풍이 불었습니다. 아이들은 데일리 리포트를 통해 서로의 하루 루틴을 공유했고, 각자 부족한 부분에 대한 개선점들을 찾았습니다. 하루에 1시간도 공부를 안 하던 아이들이 아침, 저녁으로 2~3인 공부 스터디를 만들어 4~5시간 이상 공부를 하기도 했습니다.

악동이었던 지환이를 모범생으로 바꾼 힘은 무엇이었을까요? 아마도 매일 성장하는 즐거움을 느끼게 해 준 데일리 리포트 기록과 아이의 변화에 대한 세심한 관심과 칭찬 덕분이 아니었을까요?

40점이었던 수학 성적이 100점이 된 이유

새 학기의 첫 수학 시험을 보던 날이었습니다. 제 앞에는 40점을 맞고도 무표정하게 앉아 있는 민주(가명)의 모습이 보였습니다. 민주는 전교 부회장을 할 정도로 외향적이고, 학급에서도 선생님을 잘 도와주는 모범적인 아이였습니다. 하지만 의외로 학업에는 딱히 관심이 없었습니다.

"선생님, 솔직히 저는 공부를 왜 해야 하는지 잘 모르겠어요. 학교에서 배우는 지식이 세상에 딱히 쓸모가 있는지도 모르겠고요. 수학 40점 맞은 건 좀 부끄럽긴 하지만요…. 가끔 선생님들이 공부가 다 일상생활이랑 연관이 되어 있다고 하시는데, 저는 사실 무슨 연관이 있는 건지 잘 모르겠어요. 수학 같은 경우도 솔직히 그냥 계산기 쓰면 되잖아요?”

“흠… 민주가 아주 멋진 고민을 하고 있는데? 선생님도 어릴 적에 민주랑 비슷한 고민을 한 적이 있어. 그래, 이유를 모르면 하기가 싫지. 수학을 왜 공부하는 건지 한번 생각해 볼까? 수학은 민주의 문제 해결 능력, 끈기, 생각하는 능력을 길러 줘. 물론 수학 자체가 실생활과 연관이 있는 것도 맞지만, 그것보다는 수학 문제를 풀면서 생각하는 능력을 키울 수 있다는 게 핵심이야. 혹시 수학 문제 하나로 1시간 이상 고민해 본 적 있어?”

“네… 딱 한 번이요. 그때 머리가 엄청 아팠어요. 근데 결국에는 문제를 못 풀었어요.”

“정답을 못 맞혀도 괜찮아. 오랜 시간 동안 고민하는 그 과정 자체, 머리를 쓰는 그 자체만으로도 네 생각의 깊이가 깊어지거든.”

“그럼 다른 과목들은요?”

“사회를 잘하면 여러 가지 배경지식을 익히면서 사회에서 일어나는 현상을 좀 더 잘 이해할 수 있고, 국어를 잘하면 다른 과목에서 배우는 내용들까지 더 빨리 습득할 수 있어. 우리가 배우는 게 다 국어로 되어 있으니까. 핵심은 학습 능력이야. 학교 공부를 하면서 배경지식을 늘리고 생각하는 능력을 키우면 학습 능력이 엄청 올라가게 되거든. 학습 능력이 올라가면 민주가 원하는 어떤 것이든지 빨리 배울 수 있어. 민주 너는 춤을 좋아하잖아. 친구들보다 춤을 빨리 배우면 기분이 어때?”

"엄청 좋죠? 재미있고."

"맞아. 일단 학습 능력이 높으면 빨리 배울 수 있기 때문에 뭐든지 재미가 있어. '알면 즐겁고 모르면 괴롭다'라는 말도 있잖아?"

"아… 그래서 공부를 하는 거구나…."

공부하는 이유를 알게 된 민주는 그때부터 학업에 진지해지기 시작했습니다. 특히 데일리 리포트를 매우 열심히 써 왔습니다.

"선생님, 데일리 리포트를 쓰면 뭔가 제가 제 인생을 스스로 만들어 가는 느낌이라서 기분이 좋아요."

"민주가 선생님의 의도를 정확하게 파악하고 있는데? 맞아, 데일리 리포트를 통해 스스로 성장하는 재미를 느끼도록 하는 게 선생님의 목표야."

민주는 매일 데일리 리포트를 통해 목표를 세우고 스스로 반성, 평가를 거듭하면서 조금씩 행동 수정을 해 나갔습니다. 민주가 성장한 모습을 보일 때마다 저는 칭찬과 격려를 해 주었습니다. 가끔 민주는 데일리 리포트에 자신의 감정이나 고민을 털어놓았고, 그 내용을 바탕으로 여러 차례 함께 이야기를 나누며 민주의 고민을 들어주고 상담하기도 했습니다.

몇 달이 지나자 40점이었던 민주의 수학 점수는 수직 상승해서

100점이 되었습니다. 수학 성적은 물론 다른 과목의 성적까지도 올랐습니다. 발표나 모둠 활동 등 수업 참여도도 매우 높아졌습니다. 이제야 성장하는 즐거움을 몸소 체감하게 되었다는 민주에게 저는 조심스럽게 독서를 추천했습니다.

"민주야, 이제 한층 더 레벨업할 때가 된 것 같다. 지금 하루 루틴도 괜찮은데, 독서 시간을 1시간 정도 추가하면 정말 완벽할 거 같아."

"(부끄러워하며) 선생님, 제가 그동안 독서를 정말 안 했는데요… 지금부터 독서 시작해도 괜찮을까요?"

"하나도 안 늦었지. 아직 5학년밖에 안 됐는데? 지금이 딱 적기야. 나중에 중고등학생 되면 책 읽을 시간이 별로 없거든."

그 이후로 민주는 독서의 재미에 빠져들게 되었습니다. 초반에는 1시간씩 의무적으로 적혀 있던 독서 시간이 어느 순간부터 하루 평균 2~3시간으로 기록되어 있었습니다.

"선생님, 저는 책이 이렇게 재미있는 건 줄 몰랐어요. 계속 읽다 보니 배경지식이 쌓이면서 다른 책들도 읽어 보고 싶더라고요. 선생님도 이거 한번 읽어 보세요. 강력 추천해요."

민주는 자랑하며 제게 책을 추천하기 시작했습니다. 독서하는 즐거움에 빠진 민주 덕분에 민주의 친한 친구들도 함께 독서를 하기 시작했습니다.

이후로 몇 달이 지나 종업식이 되었습니다. 민주가 꽃다발을 들고 제게 다가왔습니다.

"선생님, 선생님 덕분에 공부하는 재미, 독서하는 재미, 하루하루 성장하는 재미를 알게 되었어요. 그리고 매번 짜증 한 번 안 내시고 제 고민 들어주셔서 감사해요. 다 선생님 덕분에 성장할 수 있었던 것 같아요. 너무 감사해요. 선생님, 사랑하고 존경합니다."

'그래… 이 맛에 선생님을 하는 거지!'
민주의 감사 인사를 듣고 감동과 뿌듯함이 밀려왔습니다.

아이를 바꾼 부모님과 선생님의 진실한 대화

본 에피소드는 '스쿨잼'에 제공되었던 칼럼의 내용을 일부 각색하였습니다.

코로나 사태 이후로 우울감을 느끼거나 고민이 많아진 학생들이 부쩍 늘었습니다. 2020년 당시 저희 반에도 심리적 스트레스를 호소하는 학생들이 꽤 있었는데요. 고민 상담이 필요하다는 저희 반 학생들의 의견을 반영하여, 고민 상담 우편함을 설치했습니다.

그런데 고민 상담 우편함을 설치한 지 하루도 채 지나지 않아, 쪽지 하나가 왔습니다. 저희 반 소진이(가명)가 보낸 쪽지였습니다. 쪽지 내용은 다음과 같았습니다.

공부하는 시간이 계속 늘어나면서 취미 활동이 줄어들었다.

좋아했던 것들을 다 해 봤는데 이제는 흥미도 없고 내가 좋아하는 게 뭔지 모르겠다.

소진이는 저희 반의 모범생이었습니다. 수업 시간에 발표도 곧잘 하고, 공부도 잘하고, 선생님이 시키는 것은 다 잘하는 그런 학생이었습니다. 하지만 수업 시간에 항상 표정이 어두워서, 한번 상담을 해야겠다고 생각했던 친구였습니다.

다음 날, 쉬는 시간에 여전히 표정이 어두운 소진이에게 다가가 말했습니다.

"소진아, 학교 마치고 선생님이랑 얘기 좀 할까?"
"네⋯."

수업이 모두 끝나고, 불안한 표정으로 쭈뼛쭈뼛 교실 앞으로 걸어 나온 소진이에게 쪽지의 내용에 대해 물었습니다.

"소진아, 어떻게 이런 생각을 가지게 된 건지 선생님한테 알려 줄 수 있을까?"

소진이는 그동안 많이 힘들었는지, 제 눈도 제대로 마주치지 못했습니다. 소진이는 시선을 바닥으로 향한 채 말을 꺼냈습니다.

"그냥 요즘 많이 힘들어요. 세상 사는 게 재미가 없어요. 어제는 집에서 그동안 제가 좋아하던 걸 다 해 봤는데, 하나도 재미가 없었어요. 제가 왜 사는지도 모르겠고, 하루 종일 부정적인 생각만 떠올라요."

"흠… 왜 그런 생각이 들었을까?"

"엄마랑 많이 안 좋아요. 엄마는 항상 저보고 공부만 하라고 해요. 어제는 학원 5개 갔다 와서 학원 숙제한다고 12시까지 공부했어요…. 엄마가 공부 못하면 좋은 대학 못 가고, 취직도 좋은 데 못한다고 무조건 공부는 잘해야 한대요. 근데 저도 나름대로 엄마의 기대에 부응하려고 열심히 노력하는데, 엄마는 자꾸만 부족하다고만 해요. 엄마가 어릴 때는 저보다 훨씬 공부 많이 했다고, 지금 제가 하는 공부는 공부도 아니래요. 주변에 공부 잘하는 애들이랑 계속 비교하고… 어느 순간 저도 다른 애들이랑 비교하게 되면서 계속 스트레스 받고…. 시험을 잘 치면 저는 칭찬을 받고 싶은데, 엄마는 잘 친 것은 당연하게 여기고 못 친 것은 엄청 뭐라고 해요. 하나만 틀려도 왜 이렇게 쉬운 문제를 틀렸냐면서 화를 내요. 저는 공부하는 기계가 아닌데… 엄마가 저를 사랑하는지 잘 모르겠어요. 엄마는 그냥 저를 엄마의 꿈을 이루는 도구로 생각하시는 것 같아요."

"엄마도 소진이를 너무 사랑해서 그러시는 걸 거야…. (잠깐 침묵) 혹시 그밖에 또 다른 문제는 없니?"

소진이는 피상적인 친구 관계, SNS상에서 만난 지인과의 갈등, 외모 콤플렉스로 인한 자존감 하락 등 사춘기 소녀가 겪을 만한 여러 가지 문제들을 얘기했습니다. 그런데 소진이의 마지막 말이 충격적이었습니다.

"선생님, 계속 부정적인 생각이 떠올라서 너무 힘들어요. 요즘 저는 제가 '쓰레기'라는 생각이 들어요. 제대로 할 줄 아는 것도 없고, 공부도 잘 못하고, 얼굴도 못생기고, 친한 친구도 별로 없고, 엄마도 저를 안 사랑하시는 것 같고… 저는 쓰레기예요. 가끔 제가 세상에서 사라졌으면 좋겠다는 생각을 해요…."

"소진아… 그게 무슨 말이니. 선생님이 보기에는 소진이가 지금 부정적인 생각의 늪에 빠져 있는 것 같아. 부정적인 생각을 계속하면, 꼬리에 꼬리를 물고 나쁜 생각들이 쏟아져 나와. 그 생각들은 진짜 네가 아니야. 네가 쓰레기라고 말한 네 모습들도 사실이 아니야. 선생님이 보는 소진이는 공부도 잘하고, 반 애들과도 관계가 좋고 영상 편집도 잘해. 그리고 분명히 엄마와는 어떤 오해가 있을 거야. 부정적인 생각의 노예가 되지 않았으면 좋겠다, 소진아.”

소진이는 상담한 사실을 엄마에게 알리지 않았으면 좋겠다고 했습니다. 이유는 엄마한테 말해 봤자 아무 소용이 없을 거라는 것이었습니다. 오히려 혼날 것 같다고, 무섭다고 했습니다. 소진이의 의사를 존중해서, 당장은 어머니에게 연락하지 않기로 했습니다. 대신 소진이에게 숙제를 하나 내 줬습니다.

“소진아, 일단 첫 번째 미션. 네 장점 10가지 이상 일기장에 구체적으로 써 오기! 너는 장점이 아주 많은 아이야. 선생님은 네가 그걸 스스로 깨달았으면 좋겠다. 그리고 두 번째 미션. 매일 아침 거울 보고 ‘나는 예뻐’ 10번 외치기!”

“쌤… 그건 좀… (웃음)”

“(웃음) 그럼 ‘나는 예뻐’ 대신 ‘나는 괜찮은 아이야’는 어때? 괜찮지?”

“네! 그건 할 수 있어요.”

이렇게 소진이와의 상담을 마치고 든 생각은 다음과 같았습니다. 소진이는 자신에게 가장 큰 스트레스를 주는 사람을 ‘엄마’라고 생각했습니다. 소진이 어머니는 아이가 앞으로 잘 되기를 바라는 마음으로, 힘들어하는 걸 알면서도 어쩔 수 없이 공부를 시키셨을 것입니다. 하지만 주변 친구들과 비교를 하거나, 칭찬에 인색한 행동은 소진이의 자존감을 갉아먹고 말았습니다. 심지어 소진이는 엄마에게 사랑을 받지 못한다고까지 생각하고 있었습니다.

모녀간에 대화가 필요하다고 생각했습니다. 소진이 어머니에게 현재 상황을 있는 그대로 말씀드리고 선생님으로서 조언을 드리고 싶었습니다. 바로 전화를 할까 말까 고민하다가 동학년 선생님들에게 먼저 조언을 구해 보기로 했습니다.

다음 날, 연구실에 가서 같은 학년 선생님들에게 조언을 구했습니다. 선생님들은 각자의 의견을 제시해 주셨습니다.

"요즘 세상이 어떤 세상인데… 만약 선생님이 그 학생 엄마한테 얘기를 했는데, '당신이 왜 내 교육 방식에 참견이냐?'라고 말할 수도 있어요. 그 학부모님도 본인 나름의 인생철학과 교육 방식이 있는데 거기서 괜히 뭐라고 하면 오히려 화를 내실 수도 있어요."

"하지만 그건 학부모님의 인생철학이고 아이의 입장에서는 또 다를 수 있지 않을까요?"

"선생님은 항상 애들 입장에서만 생각을 하더라. 학부모 입장에서는 선생님이 조언을 한다는 게 기분이 나쁠 수가 있어요. 그냥 애가 좀 힘들다 정도만 말씀드리고 그 이상은 신경 안 쓰는 게 좋을 거야. 만약에 상황이 진짜 안 좋게 흘러가는 경우 민원도 들어올 수 있어."

"맞아. 나도 주변에 그런 경우 많이 봤어. 진짜 좋은 마음으로 교육 활동을 하더라도, 그게 그 마음 그대로 학부모님께 안 받아들여지는 경우가 많더라고… 괜히 나섰다가 선생님만 상처받을 수도 있어."

또 다른 선생님은 이렇게 말씀하셨습니다.

"내가 볼 때는 그냥 사춘기인 거 같은데요? 원래 사춘기 때는 부정적인 생각을 많이 해요. 저도 어릴 때 부정적인 생각을 많이 했거든요. 좀 시간 지나면 괜찮아질 거예요. 지금은 그냥 놔둬도 될 거 같아요."

동료 선생님들은 섣불리 조언했다가 도리어 민원을 받을 수 있다며 저를 걱정해 주셨습니다. 집으로 돌아온 저는 주말 내내 고민했습니다. 소진이 어머니에게 연락을 드려야 할지 말아야 할지, 그리고 연락을 한다면 어떻게 말씀드릴 것인지.

그러다 제 인생 영화 <죽은 시인의 사회>를 보고 정신이 번뜩 들었습니다. 아이들에게 단순한 지식이 아닌 영감을 주는 키팅 선생님의 모습을 보며 지금 제가 무엇을 해야 할지 알 수 있었습니다.

'그래, 민원 좀 받으면 어때. 아무리 부모님마다 그들만의 교육관이 있다지만, 학생이 너무 힘들어하고 있는 상태잖아? 소진이 어머니도 이 사실을 아셔야 해. 다음 주에 꼭 말씀드리자.'

그렇게 월요일이 되었습니다. 그해 맡았던 학급에서도 저는 아이들에게 데일리 리포트 쓰는 방법을 알려 줬는데요, 당시는 데일리 리포트를 쓴 지 일주일도 채 되지 않은 시기였습니다. 쉬는 시간에 아이들의 데일리 리포트를 검사하던 저는 소진이의 데일리 리포트에 적혀 있는 내용을 보고 그만 깜짝 놀라고 말았습니다.

매일 공부 때문에 스트레스를 받는다던 소진이가 하루에 적어도 2~4시간 정도 유튜브를 보고 실시간 라이브 방송을 하고 있었던 것입니다. 저에게 자정까지 학원 숙제를 해야 한다고, 사는 게 너무 힘들다고 말했던 소진이였기에 충격이 컸습니다.

도대체 어찌 된 영문일까 하는 마음으로 쉬는 시간에 소진이를 불러 허탈하게 웃으며 말했습니다.

"소진아, 이게 어떻게 된 일이니? 하루 종일 공부한다고 힘들다더니, 유튜브랑 라이브 방송 3시간은 좀 너무한데?"

그러자 소진이가 멋쩍은 듯 웃으며 대답했습니다.

"선생님, 죄송해요. 헤헤… 저도 데일리 리포트를 작성하면서 알았어요. 제가 이렇게 유튜브랑 라이브 방송에 시간을 많이 낭비하고 있는 줄은 몰랐어요."

뭔가 이상했습니다. 공부 때문에 그렇게 힘들다는 아이가 유튜브와 라이브 방송이라니… 소진이와 상담할 때 들었던 내용 말고도 다른 부분들이 더 있을 거라는 생각이 들었습니다.

"라이브 방송에 대해서 좀 더 자세히 얘기해 볼래?"

소진이의 말로는 1년 전부터 인터넷에서 만난 한 언니의 추천으로 라이브 방송을 시작했다고 합니다. 거기서 소진이는 많은 친구를 사귀었고, 지금은 헤어졌지만 몇 달 전에는 얼굴도 본 적이 없는 남자 친구도 사귀었다고 했습니다. 최근에는 같이 라이브 방송을 하는 언니와 사이가 많이 안 좋아져서 스트레스라고 했습니다. 소진이처럼 라이브 방송을 하는 아이들이 많은 것에 1차로 놀랐고, 얼굴도 본 적이 없는 남자 친구를 사귈 수 있다는 것에 2차로 놀랐습니다.

"음… 선생님 생각에는 그 라이브 방송 그만두는 게 좋을 거 같은데…"

"…저도 약간은 그렇게 생각하고 있었어요."

"소진아, 라이브 방송은 페이스북이나 인스타그램 같은 하나의 가상 현실일 뿐이야. 너는 지금 거기서 지금의 네가 아닌 새로운 이미지를 만들고 있는 거고…. 선생님은 네가 좀 더 현실에 집중했으면 좋겠다. 아, 그리고 요즘에 엄마랑 관계는 어떠니?"

"엄마랑 거의 말을 잘 안 해요. 학원 갔다 오면 그냥 제가 방에 바로 들어가 버려요. 이제는 엄마랑 말하는 게 너무 어색해요. 음… 생각해 보니까 제가 잘못한 것도 있는 거 같아요. 엄마가 무슨 말만 하면 짜증내고 화내고… 그러니까 대화도 잘 안 하게 되고… 제가 진짜 사춘기인 거 같기도 해요."

"그럼 지금 소진이 얘기는 다시 엄마랑 예전 관계로 돌아가고 싶다는 말로 이해해도 될까?"

"네… 근데 하도 제가 엄마한테 화를 내는 게 익숙해져서 다시 살갑게 다가가기도 좀 그래요."

"아… 무슨 느낌인지 알겠다. 뭔가 어색한 느낌이구나? 그럼 선생님이 도와줄게. 선생님이 오늘 엄마한테 전화해서 지금 네 생각을 엄마한테 말씀드려도 되겠니?"

"네, 괜찮을 거 같아요."

그날 소진이 어머니께 바로 문자를 보냈습니다.

> 소진이 어머니, 혹시 오늘 전화 통화 가능하실까요? 요즘 소진이 상태에 대해서 같이 의논하고자 합니다. 되시는 시간 말씀해 주세요~ 저녁 시간도 괜찮습니다~^^

> 네~ 오늘 1시 30분이나 7시쯤 가능합니다. 혹시 소진이가 학교생활이 안 좋은지요?

오후에 소진이 어머니께 전화를 걸었습니다. 사실 그날 아침까지만 해도, 그동안 소진이가 묘사해 왔던 엄마의 모습을 토대로 상상한 소진이 어머니의 모습은 '극성 엄마'였습니다. 다른 선생님들의 말씀처럼 '당신이 내 딸 교육에 무슨 상관이냐?'라고 할까 봐 두려웠습니다. 하지만 데일리 리포트 검사 이후에 소진이와 상담을 하고 나니, 제 생각이 틀렸을 수도 있겠다는 생각이 들었습니다.

소진이 어머니께서 전화를 받으셨습니다.

"네~ 선생님. 혹시 소진이한테 무슨 일이 있나요?"

소진이 어머니께 솔직하게 그동안 있었던 일들을 말씀드렸습니다. 소진이가 요즘 과도한 공부량으로 인해서 스트레스받고 있는 것, 저번에 보낸 쪽지의 내용들, 요즘에 하고 있는 부정적인 생각들 등을 가감 없이 있는 그대로 말씀드렸습니다.
이야기를 듣고 소진이 어머니는 한동안 말씀이 없으셨습니다.

"하… (한숨) 이 부분들은 제가 반성해야겠네요… 애가 시키는 대로 너무 잘 따라오다 보니 저도 욕심이 나더라고요. 그래서 학원도 좀 더 보내고 공부도 더 시킨 건데… 이 정도까지 스트레스를 받는 줄 몰랐어요. 갑자기 소진이한테 미안해지네요… 지금 다니고 있는 학원들 중에 몇 개를 끊어야겠어요."

라이브 방송에 대해서도 말씀드렸습니다.

"혹시 어머니, 소진이가 라이브 방송하는 거 알고 계셨나요?"

어머니는 소진이가 가끔씩 방송을 한다는 것은 알고 계셨지만, 이 정도로 심각하게 빠져 있는 줄은 몰랐다고 하셨습니다.

"선생님, 우리 소진이 어떻게 하면 좋을까요? 그래도 자기가 좋아하는 건데 못 하게 하면 또 난리를 칠 텐데…"

"제 생각에는 아예 못 하게 하는 게 맞는 것 같습니다. 계속 거기 빠지면 현실에 그만큼 집중을 못 하게 되거든요…. 처음엔 좀 힘들더라도 장기적으로 봤을 때는 그게 훨씬 좋을 것 같아요. 일단은 소진이에게 유튜브나 라이브 방송을 보게 하는 신호들을 차단하는 게 우선입니다. 웬만하면 소진이 방에 전자기기들을 놓지 않는 게 좋겠어요. 특히 스마트폰과 컴퓨터요. 일단 이 물건들이 소진이의 뇌 속에 '라이브 방송을 할 수 있게 하는 것'이라는 각인이 되어 있으면, 무의식적으로 몸이 신호에 계속 반응을 하게 되거든요."

"아… 네…. 오늘 한 번 소진이랑 같이 의논해 봐야겠네요. 제가 그동 안 애한테 너무 소홀했던 거 같아요. 원래 1년 전까지만 해도 소진이 랑 저랑 매일 같이 잤거든요. 되게 어리광도 많고 저랑 대화도 많이 했었는데… 혼자 방을 쓰게 되면서 상황이 이렇게까지 돼 버린 것 같 아요."

"제가 보니까 소진이는 생각이 많은 편이더라고요. 보통 우리가 부 정적인 생각에 한번 빠지면, 계속 꼬리에 꼬리를 물고 나쁜 생각들이 계속 몰려오는 경우가 많잖아요. 소진이가 혼자 방 안에 있으니, 안 좋은 생각들을 많이 하는 것 같아요. 방 안에만 있게 하지 말고, 가족 들이랑 산책도 가고 같이 TV도 보는 등 함께하는 시간을 늘리면 좋 을 거 같아요."

"네, 선생님 말씀이 맞는 것 같아요. 가족들이랑 같이 있는 시간을 많 이 만들어 봐야겠어요."

소진이 어머니와의 상담은 원활하게 진행되었습니다. 상담을 하 면서, '아… 이렇게 학부모님이랑 소통이 잘 되기만 해도 학교에 있 는 많은 문제를 수월하게 해결할 수 있을 텐데…'라는 생각이 들기 도 했습니다. 상담하며 만난 소진이 어머니는 '선생님에게 협조적 이고 자식을 사랑하는 열린 마음의 엄마'였습니다. 아이의 말만 듣 고 어머니를 멋대로 판단해 버린 제 자신이 부끄러웠습니다.

"선생님, 소진이 상태를 솔직하게 말씀해 주시고 여러 가지 조언도
해 주셔서 너무 감사합니다. 저희가 너무 폐를 끼치는 것 같네요….
오늘 소진이랑 잘 얘기해 보겠습니다. 다시 한 번 감사합니다."

상담 후 이틀이 지났습니다. 그날은 소진이가 학교에 나오는 날
이었습니다(당시 저희 학교는 코로나 상황으로 A, B조로 나눠 등교를 했습니다).
등교한 소진이의 표정은 한결 밝아 보였습니다.

"소진아, 엄마랑 대화 잘 했어? 얼굴 좋아 보인다? (웃음)"
"(웃음) 네, 대화 잘 했어요. 제 일기장이랑 데일리 리포트 보시면 아실
거예요~"

소진이의 일기장과 데일리 리포트를 살펴보니 인생이 재미없다
고, 사는 게 힘들다고 했던 아이가 일기장에 '기대가 되고 기분이
좋았다'라는 표현을 썼습니다. 교실에서 수업할 때 항상 우울한 표
정으로 멍때리고 있던 아이가 시간을 낭비하지 않기 위해 새로운
다짐을 했습니다. 정말 놀라운 결과였습니다.
쉬는 시간에 소진이를 따로 불러 도대체 그날 무슨 일이 있었길
래 이렇게 달라졌냐고 물어보았습니다. 소진이의 말에 의하면, 그
날 저녁 엄마가 같이 대화를 하자고 하셨다고 합니다. 소진이도 엄
마와 얘기를 하고 싶었기에 대화에 순순히 응했고, 그동안 힘들었

던 얘기들, 엄마에게 바라는 점들을 전부 얘기했다고 합니다.

더 놀라운 변화는 라이브 방송을 아예 끊기로 했다는 점입니다. 라이브 방송을 끊기 위해 방 안에 있는 전자기기(아이패드, 컴퓨터, 휴대폰)들을 전부 다 치워 버렸고, 새롭게 환경 설정을 하고 싶어서 방 배치도 전부 바꾸었다고 했습니다. 침대는 '잠자는 곳', 책상은 '공부하는 곳' 이런 식으로 구역마다 역할도 하나씩 정했다고 했습니다.

"오… 그런 아이디어는 어디서 나온 거니? 엄마?"

"아니요. 제가 냈어요. 선생님이 얼마 전에 가르쳐 주셨잖아요. 중독에서 빠져나오려면 무조건 신호를 차단해야 한다고… 우리의 뇌는 단순해서 한 사물에는 하나의 신호만 주게 하는 게 좋다고, 그렇게 하지 않으면 신호가 엉켜서 혼란스러워진다고 하셨잖아요. (웃음)"

"와… 그때 배운 수업 내용을 기억하고 적용까지 하다니, 감동이야. 진짜 대단한데, 소진아. 선생님이 정말 뿌듯하다!"

"선생님, 앞으로 저 진짜 열심히 살 거예요. 라이브 방송이나 유튜브 시청이 아니라 진짜 저를 위해서 시간을 쓰고 싶어요. 그리고 공부도 포기 안 할 거예요. 엄마랑 대화하고 나니, 공부가 더 하고 싶다는 생각이 들었어요. 선생님, 그동안 계속 신경 써 주셔서 감사합니다."

그로부터 1년 반이 지났습니다. 초등학교를 졸업하고 중학생이 된 소진이가 오랜만에 학교에 찾아왔습니다. 1년 전보다 표정이 훨씬 더 밝아 보였습니다.

"학교생활은 어때?"

"엄청 재미있어요. 친구들도 새로 많이 사귀었어요. 요새는 마음도 많이 편해졌어요. 예전처럼 작은 일에 짜증도 부리지 않고, 별것 아닌 일에는 그냥 넘어가요. 기분도 그렇게 나쁘지도 않고요."

"많이 발전했는데? 엄마는 잘 계시니? 요새 엄마랑 사이는 어때?"

"엄마랑 완전 좋죠! 작년 이후로 대화 엄청 많이 해요. (웃음) 아, 그리고 요즘에 저 꿈도 하나 생겼어요."

"무슨 꿈?"

"개발자요. 요즘 코딩에 푹 빠져 있거든요. 마음도 편하고 하고 싶은 것들이 정말 많아졌어요."

"우와, 정말 멋진데? 소진이가 행복해하는 걸 보니 너무 좋고 뿌듯하다."

발랄하게 집으로 돌아가는 제자의 뒷모습을 저는 한동안 흐뭇하게 쳐다보았습니다.

지금까지 데일리 리포트로 아이들이 큰 변화와 성장을 경험했던 실제 사례들을 소개해 드렸는데요, 주목할 포인트는 총 3가지입니다.

첫 번째, 교실에서 모범적으로 보이는 아이라도 자신이 하루를 어떻게 보내는지 제대로 인지하지 못하고 있을 수 있습니다. 소진이의 경우, 자정까지 하루 종일 공부한다고 말했지만 실상은 달랐습니다. 적어도 하루에 2~3시간은 인터넷 방송을 하고 있었거든요. 아이들과 함께 데일리 리포트를 쓰다 보면 생각보다 이런 사례가 많습니다. 따라서 꾸준한 데일리 리포트 기록을 통해 시간 감각과 메타인지력을 향상시키는 것이 필요합니다.

두 번째, 선생님이나 부모님은 평소 아이가 기록한 데일리 리포트를 통한 작은 발견만으로도 아이의 현재 상태와 변화를 알아차리고 도와줄 수 있습니다. 평소 데일리 리포트를 통해 아이의 일상과 생각을 잘 알고 있으면 학생과의 상담, 그리고 학부모님과의 상담도 원활하게 진행할 수 있습니다. 또, 아이가 어려움을 겪고 있는 부분이 있다면 이것을 일찍 발견하고 도움을 줄수록 아이가 활기차고 꿈이 있는 생활로 더 빨리 돌아올 수 있게 됩니다.

세 번째, 데일리 리포트를 꾸준하게 쓰면 메타인지력이 올라 자신에 대한 이해도가 높아집니다. 졸업 후에도 이미 졸업한 학급 밴드에 데일리 리포트를 올릴 만큼 꾸준하게 기록을 이어 가는 아이들이 있는데요. 일상에 무기력했던 아이들이 스스로 좋아하는 것과 꿈을 찾게 되는 모습을 보면 자신에 대한 이해도가 많이 높아졌다는 것을 알 수 있습니다.

기록은 아이도, 교사도, 부모도 자라게 한다

'삼시 세끼 잘 챙겨 먹어라.'

'잠이 보약이다. 일찍 자고 일찍 일어나라.'

'꾸준하게 독서하고 운동해라.'

'규칙적으로 생활해라.'

이 말들은 대부분 어릴 적부터 어른들에게 지겹도록 들어 온 당연하고 진부한 말들입니다. 하지만 이런 말들이 계속 전해져 내려오는 이유는 시간이 흘러도 변하지 않는 보편적인 진리를 담고 있기 때문일 것입니다.

제가 지난 수년간 아이들과 함께 데일리 리포트를 쓰면서 느낀 가장 큰 깨달음은 당연하고 진부하게 여겨지는 행동이라도 꾸준하게 실천하는 것이 삶을 행복하게 만드는 데 있어서 정말 중요하다는 사실입니다. 올바른 행동들을 꾸준히 실천하자 아이들이 바뀌었습니다. 게임에 빠져 매일 새벽까지 게임을 하고 지각과 결석을 반복하던 한 아이는 중독에서 벗어나 학교에서 활기찬 생활을 할 수 있게 되었고, 매사에 자신감이 없던 한 아이는 매일 꾸준한 실천으로 자기효능감을 가지게 되었습니다. 학습 부진이었던 아이는 꾸준한 독서와 공부로 학습 부진에서 탈출해 학교 수업을 즐길 수 있게 되었습니다.

이 아이들이 좋은 습관을 매일 꾸준히 실천할 수 있었던 이유는 데일리 리포트 덕분이었습니다. 아이들은 데일리 리포트를 통해 매일 계획을 세우고(Plan), 그에 따라 자신의 하루를 실천으로 채웠습니다(Do). 그리고 하루 일과가 끝나면 잘한 점은 스스로 칭찬하고, 못한 점은 되돌아보며 개선할 점을 찾아(Reflect) 다음 날 계획에 반영했습니다. 계획, 실천, 반성, 이 세 단계의 수많은 반복으로 아이들은 실천을 이어 갈 수 있었고, 매일 꾸준한 실천은 아이들을 성장하게 했습니다.

아이들과 함께 데일리 리포트를 쓰면서 저 또한 많은 성장을 할 수 있었습니다. 처음에는 아이들에게 교사로서 솔선수범하는 모습을 보여 주기 위해 반 전체가 볼 수 있는 학급방에 매일 제 데일리 리포트를 올렸는데요. 제가 쓴 데일리 리포트 기록에 아이들이 동기부여를 받고 달라지는 모습을 보면서 저 스스로도 큰 책임감을 느끼게 되었습니다. '딱 오늘만 기록을 쉴까' 하는 나태한 마음이 올라올 때마다 반 아이들의 얼굴이 떠올랐습니다. 아이들 덕분에 저도 데일리 리포트 기록을 꾸준하게 할 수 있었습니다. 아이의 성장을 바라는 마음이 결국 제 자신도 함께 성장시킨 것입니다.

데일리 리포트를 쓰기 전, 저는 약 1년 동안 깊은 슬럼프를 겪었습니다. '사람은 왜 살아야 할까?', '어차피 죽는 인생이라면, 굳이 이렇게 애써 살아갈 필요가 있을까?' 삶의 의미를 놓고 오랜 시간 부정적인 생각에 사로잡혀 있었습니다. 때로는 제 인생에 의미가 있다면 하느님이든 부처님이든 눈앞에 나타나 '네 인생의 의미는 이것이니라'라고 말해 주기를 바라기도 했습니다. 그렇게라도 누군가 제 삶의 방향을 점지해 주길 바랐습니다.

하지만 1년이 지나도록 그런 계시는 오지 않았습니다. 아무것도 하지 않으니, 아무런 일도 생기지 않았습니다. 그때 저는 깨달았습니다. 프랑스의 소설가이자 철학자인 장 폴 사르트르의 말처럼, 인생은 의미가 없기에 우리가 스스로 의미를 부여해야 한다는 것을요. 어떤 사람은 평생 남을 돕는 데서 삶의 의미를 찾고, 어떤 사람은 신앙을 통해 그 의미를 발견하기도 합니다. 또 어떤 사람은 부와 성공을 통해 삶을 풍요롭게 만드는 것을 인생의 의미로 삼습니다. 그리고 저는 저처럼 방황하고 힘들어하는 아이들이 인생의 의미를

찾고 행복하게 살아갈 수 있도록 돕는 일이 제 삶의 의미라는 결론
에 이르렀습니다.

　데일리 리포트라는 성장 도구를 통해 아이들은 각자 마음속에
품고 있는 보석 같은 계획들과 생각들을 실현합니다. 저는 아이들
이 수많은 체험을 통해 배우고 느끼며, 스스로 삶의 의미와 목적을
만들어 내는 모습을 직접 보았습니다. 어떤 아이들은 새로운 꿈을
갖기도 하고, 또 어떤 아이들은 인생을 즐기는 자신만의 방법을 찾
기도 했습니다.

　《빅터 프랭클의 죽음의 수용소에서》의 저자이자 정신과 의사인
빅터 프랭클은 인간은 의미를 추구할 때 가장 건강해지고, 삶에 몰
입하게 된다고 합니다. 저는 앞으로도 아이들이 데일리 리포트를
통해 끊임없이 배우고 성장해 나가며 삶의 의미를 찾고, 몰입을 통
해 행복을 느꼈으면 좋겠습니다.

　사실 데일리 리포트 시스템을 교실에 온전히 적용하기란 결코
만만한 일이 아닙니다. 매일 아이들의 데일리 리포트를 확인하고,
각자에게 맞는 맞춤형 피드백을 주는 일은 단순한 반복 업무가 아
니라 집중력과 정성이 필요한 고된 작업입니다. 때로는 데일리 리
포트 기록을 통해 도움이 필요한 아이를 발견하고 상담을 통해 그
아이와 깊은 대화를 나누어야 하며, 아이들의 상태를 꾸준히 점검

하기 위해 방학 중에도 아이들의 데일리 리포트를 살펴봐야 합니다. 무엇보다 이 시스템을 제대로 적용하려면, 교사 자신도 아이들과 함께 데일리 리포트를 써 보며 기록의 힘과 변화의 과정을 직접 경험해야 합니다. 이는 단순한 교수법의 적용이 아니라 교사의 삶의 방식과 태도의 전환까지 요구하는 일이기도 합니다.

그럼에도 불구하고 이 책을 통해 아이 한 명 한 명을 더 깊이 이해하고, 학교와 가정이 함께 아이의 하루를 바라보는 이 실천을 직접 선택해 주신 선생님들과 학부모님들을 진심으로 존경합니다. 아이들을 향한 여러분의 마음이 이 책의 가치를 완성시켜 주는 가장 큰 힘이라고 믿습니다.

저는 확신합니다. 이 고되고 섬세한 실천의 길을 걷는 동안 아이들뿐 아니라 여러분 자신도 함께 성장하고 있다는 사실을요. 이 책이 그 여정에 조금이나마 힘이 되기를 바라며 여러분께 깊은 감사의 마음을 전합니다.

이 책이 세상에 나오기까지 함께 고민하고 응원해 준 많은 분께 진심으로 감사드립니다. 먼저 이 책에 담긴 수많은 이야기의 주인공이 되어 준 우리 반 아이들에게 고마움을 전합니다. 아이들의 성장과 행복해하는 표정 하나하나가 이 책을 쓰게 만든 가장 큰 이유였습니다. 그리고 아이의 하루를 함께 걱정하고 기뻐해 주신 학부모님들께 감사드립니다. 데일리 리포트는 학교와 가정을 잇는 다리가 될 수 있음을, 학부모님들을 통해 배웠습니다. 이 원고를 함께 고민해 주신 황현아 편집자님께도 고마움을 전합니다. 혼자였다면 여기까지 올 수 없었을 것입니다. 마지막으로 늘 곁에서 조용히 응원해 준 아내, 그리고 제가 교사가 되기까지 아낌없는 지지와 믿음을 주신 부모님께도 진심으로 감사합니다.

이 책이 누군가의 교실에서, 누군가의 삶에서 따뜻한 기록으로 남기를 바랍니다.

데일리 리포트 시스템을 위한 유인물 양식

___________의 데일리 리포트

날짜: ______ 년 ______ 월 ______ 일 ______ 요일

	10	20	30	40	50	몰입도	
4							오늘의 목표 3가지
5							
6							
7							
8							
9							
10							
11							
12							
13							
14							오늘의 반성
15							
16							
17							
18							
19							
20							
1							
2							
3							

오늘 하루를 돌아봐요

○학년 ○반 ○번 ○○○

1. 오늘 있었던 일을 적어 보세요. 그려 봐도 좋아요.

2. 오늘 내가 잘한 일은 무엇이었나요?

3. 오늘 내가 아쉬웠던 일은 무엇이었나요?

4. 내가 다시 그 순간으로 돌아간다면 어떻게 할까요?

5. 내일은 어떤 하루를 보내고 싶나요?

6. 부모님이 해 주는 이야기

____________ 의 습관 만들기

결심한 날짜: ______년 ______월 ______일 ______요일

	10	20	30	40	50
4					
5					
6					
7					
8					
9					
10					
11					
12					
13					
14					
15					
16					
17					
18					
19					
20					
21					
22					
23					
24					
1					
2					
3					

1. 하루 중 자기 계발에 쓸 수 있는 시간을 색칠해 보세요.

2. 자기 계발에 쓸 수 있는 총시간은 얼마나 되나요?

3. 사용할 수 있는 시간을 고려하여 만들고 싶은 습관을 정해 보세요. (1~3가지 추천)

4. 만들기로 정한 습관을 시간표에 넣어 보세요. 매일 꾸준하게 실행할 수 있는 습관인가요? 그렇지 않다면 목표치를 조금만 줄여서 매일 꾸준히 실천할 수 있는 습관 목표를 정해 보세요.

5. 만들기로 정한 습관을 데일리 리포트 목표에 포함해 보세요.

◆ 보통 하나의 습관이 형성되는 데 걸리는 시간은 66일 전후라고 합니다. 좋은 습관을 만들기 위해서는 매일 꾸준히 실천하는 것이 좋다는 사실, 반드시 기억하세요!

안 할 일 목록 만들고 대체하기

○학년 ○반 ○번 ○○○

안 할 일 목록	대체할 일 목록
예시) 저녁에 컴퓨터 게임하기	예시) 산책하며 동화책 오디오북으로 듣기

참고문헌

- 《아주 작은 습관의 힘》, 제임스 클리어 저, 이한이 역, 비즈니스북스
- 《자기주도학습 코칭 매뉴얼》, 정형권 저, 성안당
- 《초생산성》, 마이클 하얏트 저, 로크미디어
- 《메타인지 학습법》, 리사 손 저, 21세기북스
- 《데일리 리포트 하루 15분의 힘》, 서혜윤 저, 한빛비즈
- 《당신의 뇌는 최적화를 원한다》, 가바사와 시온 저, 오시연 역, 쌤앤파커스
- 《타이탄의 도구들》, 팀 페리스 저, 박선령·정지현 역, 토네이도
- 《스쳐지나갈 것들로 인생을 채우지 마라》, 고은미 저, 한밤의책
- 《몰입》, 황농문 저, 알에이치코리아
- 《초집중》, 니르 이얄 저, 김고명 역, 안드로메디안
- 《베스트 셀프》, 마이크 베이어 저, 강주헌 역, 안드로메디안
- 《완벽한 공부법》, 고영성·신영준 저, 로크미디어
- 《마음챙김》, 샤우나 샤피로 저, 박미경 역, 안드로메디안
- 《정리하는 뇌》, 대니얼 J. 레비틴 저, 김성훈 역, 와이즈베리
- 《회복탄력성》, 김주환 저, 위즈덤하우스